有关明智领导力的古代智慧

如何做一个领导者

[古罗马] 普鲁塔克 著

[美] 杰弗里·贝内克 编选和解读

罗琳 译

东方出版中心

图书在版编目（CIP）数据

如何做一个领导者 / （古罗马）普鲁塔克著；罗琳
译. 一上海：东方出版中心, 2022.6
ISBN 978-7-5473-2019-8

Ⅰ.①如… Ⅱ.①普… ②罗… Ⅲ.①领导学 Ⅳ.①C933

中国版本图书馆CIP数据核字（2022）第123280号

上海市版权局著作权合同登记：图字09-2021-0248

如何做一个领导者

著　　者　[古罗马]普鲁塔克
策　　划　刘　鑫
责任编辑　朱宝元　刘　军
封面设计　@热带宇林 rainforest

出版发行　东方出版中心有限公司
地　　址　上海市仙霞路345号
邮政编码　200336
电　　话　021-62417400
印　刷　者　上海盛通时代印刷有限公司

开　　本　787mm×1092mm　1/32
印　　张　5.125
字　　数　66千字
版　　次　2022年6月第1版
印　　次　2022年6月第1次印刷
定　　价　55.00元

版权所有　侵权必究
如图书有印装质量问题，请寄回本社出版部调换或拨打021-62597596联系。

献给海伦和路易斯

目　录

引言　　　　　　　　　　　　　　　　　　i

关于英文译文与希腊语原文的说明　　　　ix

致未受良好教育的领导者　　　　　1

如何做一个好领导者　　　　　　17

长者应该参政吗？　　　　　　　73

重要的人物和术语　　　　　　127

引言

假设在公元100年，你是一个建筑工或石匠，正好住在希腊中部的小城市喀罗尼亚（Chaeronea）附近，你可能会被普鲁塔克雇来做一个公共工程项目。他也许已经五十多岁了，年纪太大，干不了重活，但仍迫切地想要代表喀罗尼亚人民监督你的工作。而如果你问他，为什么他这么一个博学多产，曾在雅典研习、在罗马讲学、在皇室高层广结好友的作家，会为诸如铺设屋瓦、浇灌水泥这种世俗的地方事务而劳心费神，他会说："我搞建设，并非为了自己，而是为了我的城市。""城市先于自我"，实际上，你可能经常听见他念叨这句格言。这正是他的政治理念的基本原则，这一思想在这本文集收录的三篇文章，即《致未受良好教育的领导者》《如何做一个好领导者》《长者应该参政吗？》中都得到了体现。

在普鲁塔克时期前的几百年间，城市一直都是希腊的基本政治单位。在罗马帝国出现之前，希腊的城市通常被称作"城邦"，是独立的实体，拥有自己的军队、外交政策、贸易和政治制度。在罗马帝国的掌控下，普鲁塔克时期也是如此，城市保持着半独立性，虽然不再直接参与战争或外交事宜，但仍然管理内部事务，比如赞助节日、筹集资金、判决市民间的法律纠纷，当然，还有建设市政工程。城市，便成了希腊政治家纵横捭阖的舞台。英语单词"politics"（政治）实际上借鉴自希腊语"polis"（城邦）一词。

普鲁塔克文章里的潜在假设是，所有希望成为公民领袖的人首先必须获得选民——也即同胞——的信任。既然有志从政，就要出庭演讲，担任获选公职，行善事和做志愿服务。讲台——演讲者所站的平台——在普鲁塔克的政治生活观中尤为重要。从政者们试图游说（有时诱骗）同胞们，通过遵从法令法规和拨款来支持他们的计划，因此，只有站在讲台上，他们才最受瞩目。城市繁荣了，领导者们就有望赢得声誉，否则便会遭到指责。积累了声誉，也就避免了指责，继而不仅有利于他们当选更重要的职位，还有利于他们提升公民荣誉感，拿下备受关注的任务，比如在对接罗马官员的使团里当差，到一处知名的议事会或祭司团任职。必须指出的是，这些从政者并非专业人士。他们只是属于精英阶层，坐拥的财富允许他们享受公共事业的乐趣，而身处的地位则可以凭借成为公民领袖来夯实或提升。人们甚至期待他们利用自己的财富去造福所在的城市，比如投资市政建设项目或赞助节日。因此，政治是贵族履行阶层义务和相互竞争的领域。

实际上，政治竞技场和体育竞技场非常相似。普鲁塔克经常运用体育竞技的言辞——更不用提"竞赛"和"竞争者"——来形容从政者间的互动。和运动一样，政治中也有争夺冠军的博弈，这就引发了它特有的矛盾。公民领袖可能会聚焦于自身的成功，而非国家的福利。比如，他们会把选举看作为了赢而赢的赛事，把成功当选看作自身无所不能的证明。在这种环境中，普鲁塔克众所周知的格言"城市先于自我"就可以轻易被推翻。因为从政者不仅力求提高自己的声誉，更会以牺牲公众利益为代价，提升朋党的地位，充实自己的势力。因此，即使夺魁者心中牵挂着城市的最大利益，同胞们仍会逐渐厌倦龙虎之斗，他们不但不会赞美成功的从政者，反而会开始嫉妒他们。嫉妒，常常会反过来煽惑那些通过派系对立和人身攻击，来颠覆从政者辉煌事业的妄举。上述这些都不利于城市的福祉。

在这三篇文章中，普鲁塔克着重强调，政治领导者的个人利益应当服从国家利益，或者，换言之，个人福利和国家福利是一体的。因此，他主张，造就成功政治生涯的首要因素是个人品格和内在诚信。人越好，领导者就越好；领导者越好，国家就越好。在《致未受良好教育的领导者》里，他直接挑明了这个观点，初步形成了理论轮廓。但是，在另外两篇文章里，普鲁塔克通过铺垫过去的成功（也有失败）领导者的生活经历，给出自己的建议和论述。从这个意义上讲，他这三篇文章可以说是古希腊罗马历史上最著名的政治军事领导者的花名册。

　　然而，他意识到，时代已经变了。过去的领导者可以指挥千军万马，掌管强盛城池，而他所处时代的领导者把持政事的范围却更为有限：罗马永远潜伏在幕后，粉饰太平，造就政治稳定，但随时准备打击野心过大、逾越职权的领导者。因此，普鲁塔克谨慎地从明智的政治领导案例中提取出精华，而不是纯粹吹捧丰功伟绩。举个例子，我们会读到，只要代表雅典出国，地米斯托克利和阿里斯提德斯就会抛开党派之争；老加图奉献毕生服务罗马，却拒绝一切物质的荣誉；斯巴达国王泰奥彭波斯将部分权力拱手相让，只求君主政体能更稳固；底比斯的将军伊巴密浓达巡视街道和他统领军队一样豪情万丈。以这些和其他历史人物的经历为基础，普鲁塔克从过去找出与他那个时代的观众相关的事例，在此过程中，他又设法将这些事例与"现代"观众关联起来。

普鲁塔克特别适合写这些理论性、实践性的文章。他既是希腊本土人，又是罗马公民，还在"现代"，即公元1世纪和2世纪初生活过。虽然他把喀罗尼亚称为家乡，但他周游四方，与罗马的精英阶层广泛交游，并在德尔斐①担任祭司。他拥有渊博的政治、哲学、历史知识，这使他不仅能见解独到地审视和评价自己的时代，即罗马帝国巅峰时期，还能反思希腊和罗马的历史。他最耗神费力的文学作品是《名人传》(*Parallel Lives*)，一部将希腊、罗马政治家的生活并列比较的系列传记。他还写了很多各种主题的文章，包括政治、道德、哲学和宗教，皆收入《道德论集》(*Moralia*)中。本书中的文章都编选自这个文集。

---

① 德尔斐(Delphi)，亦译特尔斐，古希腊城邦，位于中希腊的弗西斯(Phocis)，因有阿波罗神庙及其神谕而闻名，全希腊庆节在此举行。——编辑注(全书脚注皆为编辑所加，以下不再标注)

《名人传》和《道德论集》在普鲁塔克逝世的一千多年后才被广泛阅读，尤其是在拜占庭帝国讲希腊语的地区。16世纪，这两本书开始影响政治思想家和作家，其中最著名的是莎士比亚，随后便被译成了法语和英语。18世纪，美国的一些开国元勋尤其喜爱读《名人传》，钻研其中对领导力和政府的见解，他们可能将自己想象成了现代的希腊人和罗马人。因此，他们可能把像伯里克利和老加图这样的人看作鼓舞人心的榜样。

　　然而，如今时代又变了，现代领导者的形象也随之改变。虽然普鲁塔克设想的是男性从政者，但他关注的是领导力的通用原则，任何想要涉足民主政治，无论在家乡城市，还是在州级（省级）和全国层面的人，都适合阅读。

关于英文译文与希腊语原文的说明^①

普鲁塔克遍读希腊文学，因此他经常通过引用文学文本来表达自己的想法。在本书收录的文章中，普鲁塔克经常援引荷马、品达、索福克勒斯和欧里庇得斯等人的话。凡援引处，我都在注释中列出了具体的参考文献。他有时会引用现已逸失的文学作品，我们甚至无从得知那些作品的作者和名称。这种情况下，我不会列出参考文献，只会用引号标示那些单词或短语。

普鲁塔克经常给很多历史人物命名，有时还会使

---

① 本书英文版由杰弗里·贝内克编选、翻译和解读，为希腊原文与英文对照版。

用专业术语，尤其是提到罗马政治体系中的职位时。对于有些人物和术语，这些文章本身会给出解释，或者一条简单的注释就足够了。至于其他的，特别是经常出现的那些，我已经在附录《重要的人物和术语》里提供了简介和定义。

正如引言中提及的，普鲁塔克的文章强调的是适用于所有人的领导力通用原则。即便如此，他设想的读者、从政者仍然是男性。因此，在他使用男性代词表达这种设想的地方，我冒昧地通过性别翻译的中性化来拓展他的观点。但是，他有时列举的例子仍会令现代读者感到迂腐。比如，波斯国王是他妻子的主人，女性应当主掌内务。这些是普鲁塔克时代的事物，我便让它们留存下来。

英文版中出现的希腊语文本都选自"洛布古典丛书"[①]中的普鲁塔克《道德论集》第十卷（哈佛大学出

---

① 洛布古典丛书（The Loeb Classical Library），最初由詹姆士·洛布（James Loeb）发起和赞助，于1912年面世，初时由海涅曼公司出版，后来改由哈佛大学出版社出版，目前已出版了500多册的古希腊语和拉丁语的英文注释本。

版社，1936），只做了一些细微改动。在洛布版本的该卷中，三篇文章标题分别如下："致未受良好教育的统治者"（Ad principem ineruditum）、"治国之道"（Praecepta gerendae reipublicae）以及"长者应该参政吗"（An seni respublica gerenda sit）。

杰弗里·贝内克

如何做一个领导者

有关明智领导力的古代智慧

致未受良好教育的领导者

在这篇简短的文章中,普鲁塔克驳斥了这样一种观点:担任公职仅有伺机行使权力的好处。他说,未受良好教育的领导者才会这么鼠目寸光,这类领导者缺乏安全感,并害怕自己统治的人民。受过教育的领导者则相反,高度关注选民的福利,甚至不惜牺牲自己的权力和安全。在普鲁塔克看来,领导者通过接触哲学,特别是道德哲学而接受教育。这种教育带来的最大好处是促进逻各斯(Logos)——即理性——的发展,这对于个人控制情绪和冲动而言至关重要。允许自己受控于理性的领导者,反过来会秉政以仁,未受良好教育的领

1

导者则深受贪婪、偏执和虚荣心的荼毒。

　　普鲁塔克在这篇文章中指出，神应当是领导者对照、同化自身的理想对象。但是，这个神并不是希腊多神宗教中的神祇，而是普鲁塔克从柏拉图那里借用的一个哲学概念。它代表着纯粹的理性和道德的完善。普鲁塔克认为，这个神存在于天上，太阳是它的实体化身。正如天上的太阳象征着完美的神性，受理性制约的领导者应当向人民展现道德的典范，高风亮节的领导者甚至会让人民耳濡目染，变得品行端正起来。因此，好的政治领导不取决于具体政策的制定和执行，而取决于领导者自身的道德发展。

1. 昔兰尼（Cyrene）人民恳求柏拉图为他们制定法律，重修政制，但遭到了拒绝。柏拉图称，要为昔兰尼人立法很难，因为他们太富有了。"没有什么比功成名遂的人更天生傲骨"，更难以治理。[1] 同理，要给公职人员担任执政顾问一样困难，因为他们害怕接受"理性"的管辖，害怕自己会因此屈从于公务的职责，降低权力的收益。这些人根本没听说过斯巴达国王泰奥彭波斯的事例，在斯巴达城邦内，他是第一个允许监察官参议国王事务的人。他的夫人向他发牢骚，责备他传给孩子们的政权比自己当初接手的更脆弱，他如是答道："实际上，它会更强大，也更稳固。"在任期间，他摒弃了权力滥用和专制的弊端，也因此躲过了嫉恨，逃过了危难。然而，当泰奥彭波斯将王权转移给监察官们时，恰如汹涌江河分流开来，他赋予监察官们的任何权力都不再属于他自己。理性一直受到哲学的制约，然而，只要执政者肯定了理性的告

3

诚和保护作用，理性便能筛滤权力中的不稳定因子，留下健全的成分，正如我们运用理性维持健康一样。

2. 然而，大多数国王和领导者都缺乏理智，因此他们会模仿那些技艺生疏的雕塑家。那些人认为，当自己迈开矫健的步伐，绷直身躯，张开大嘴，就能塑造自身的形象，他们雕刻的巨型雕塑也会显得宏大雄伟。国王和领导者们也就以为，平日说话压低音量，眼神凌厉，装出怫然不悦的模样，端着清高超然的架子，就能模仿出尊贵庄严的领导力。实际上，他们与那些巨型雕塑并无两样，外表覆着英武神圣的假象，内里却裹着泥土、石头和铅。[2] 但是，在这个例子中，雕塑好歹有千钧之重，能保持笔直和稳定的身形，而那些大字不识的将军和领导者却经常因自己天生愚蠢而被绊倒。因为他们将崇高的权力建于倾斜的基座之上，根本无法直立。再者，正如建筑工的规则是首先达到笔挺和平直的标准，再通过调整和并置来匡正其他物体的排列；同理，统治者也必须首先实现自我治理，端正灵魂，纠正性格，再将臣民同化为他们自己。因为摔倒的人扶不起他人，无知的人教不了文化，乱纪的人建不了秩序，拆台的人立不了章程，违逆的人治不了国家。但大多数领导者都误解了，以为执政最大的好处就是解放自身，摆脱统治。以波斯国王为例，他认为除妻子外，所有人都是他的奴隶，虽然妻子本来最应该成为他的奴隶。

3. 那么谁来统治统治者呢？"法律。法律主宰一切，无论生者，还是逝者。"品达道。但我指的并不是印在书上或刻在木匾上的法律，我指的是理性，存在于统治者的内心，始终陪伴、守护于他们的灵魂左右，不放任他们抛却理性的指引。哎，波斯国王曾授命一个随从：黎明时来找他，提醒他——"王啊，起来，处理至高之神阿胡拉马兹达（Ahuramazda）让你处理的事吧。"[3] 但对受过教育、可以自制的领导者来说，这种声音时刻在他们耳边响起，敦促劝诫他们。波莱莫①曾经说过，性爱是"诸神对年轻人福祉

---

① 波莱莫（Polemon，前340—前273），古希腊哲学家，早期学园派代表之一。

的关怀"。也许有人会更诚挚地指出，统治者信奉诸神，就是为了同胞们的福祉，为了将神所赏的美德和恩赐散发出去，以庇佑余下的世人。

"你看见了吗？这片无垠的蓝天，睥睨在上，将大地纳入它温柔的怀抱中。"[4]作为起源，天空撒下必需的种子，而大地负责哺育、助长。有些从甘霖中生发，有些在风中散播，有些则受星月润泽，温暖表皮。太阳安顿好一切生灵，让自身的魅力悄然潜入其中。神所赏的恩赐虽然珍贵而繁多，但任何一种只要跟法律、正义和领导者分离，人们就再也无法运用自如或享乐其中了。实际上，正义是法律的目的，法律是领导者的职责，领导者则是神祇的化身，能对一切发号施令。真正的领导者不需要菲狄亚斯①、波利克里

① 菲狄亚斯（Phidias，约前490—约前430），古希腊著名雕塑家，擅长神像作品，作品有雅典卫城上巨大的铜像《雅典娜》、奥林匹亚的《宙斯》和帕特农神庙的《雅典娜》等，被视为古希腊雕塑全盛时期的代表作，原作已佚。

托斯[①]、米隆[②]来塑造他们，因为他们凭借美德，就能把自己转化为神的模样，创造出最愉悦观瞻、最形容贴切的拟真神像。[5]

因此，正如神在天空中设立日月作为自身的华丽象征一样，城市里也有神的化身和光源："敬畏神祇、维护正义"的领导者[6]。也就是说，拥有神祇的理性和智慧的人才能成为领导者，而手里握着权杖、三叉戟，变出闪电的人不算。有些人在形象上粉饰自己，在写作中吹嘘自己，说自己拥有哪些不可多得的品质，这样反而令人憎恨他们的愚蠢面目。因为神厌恶那些模仿他的雷、电、光的人，喜爱那些追逐他的美德、将自身同化为善的人。他看重这些人，并点化他们他所崇尚的秩序、正义、真理与和善。火不比

① 波利克里托斯（Polyclitus，生卒年代不详），古希腊著名雕塑家和艺术家，活跃于公元前5世纪后半期，是与菲狄亚斯齐名的雕塑大师。代表作有《荷矛者》《受伤的阿玛戎》等青铜雕像，现存为古罗马时期的大理石摹制品。

② 米隆（Myron，？—前440年），古希腊著名雕塑家，善于运用写实手法创造性地刻画人物在剧烈运动中的动态，作品有《雅典娜与马尔斯亚斯》《掷铁饼者》等，原作已佚，现存为古罗马时期的摹制品。

它们神圣，光不比它们神圣，太阳的轨迹、星辰的升落、永恒与永生都不比它们神圣。因为神的福泽不在于他的长生不老，而在于他的美德影响力。这是神圣的、崇高的，他的美德因而得以被效仿。

4. 阿那克萨库斯[①]在安慰为错杀克雷图斯（Cleitus）而苦闷的亚历山大大帝时说 [7]，正义与公正是宙斯的权柄，因而，按理说，国王的一切作为都是正义和公正的。[8] 但他在试图缓解亚历山大大帝为所犯罪行的懊恼时，却也怂恿了他将来做出类似的行为。这是错误且有害的。因为如果我们必须为这种情形找出一个行为模板，就不应该说宙斯手里握有正义这把权柄，而应该说，宙斯本身就是正义和公正，他是最权威、最完美的法律。然而，古时的作家和教师告诉我们，即使身为宙斯，也无法在正义之外维持体面的统治。"正义就像一个少女，"赫西俄德写道 [9]，"清正而廉明，是崇敬（reverence）、自制、裨益的好

---

① 阿那克萨库斯（Anaxarchus, 约前380—约前320），古希腊德谟克利特学派哲学家，曾随亚历山大大帝远征亚洲，后被塞浦路斯僭主尼科克勒翁处死。

伙伴。"由此，他们将国王称为"reverend"，这很合理，因为最无畏的人应该最受尊敬。实际上，相较害怕自己受到伤害，领导者更害怕施加伤害。这就是他们受人敬重的原因。领导者所产生的这种畏惧既仁慈又高尚：为自己所统治的人民感到害怕，因此时刻保持警惕，保护他们不受伤害，"就像狗小心地看管圈里的羊群一样，一听到怙恶不悛的野兽吼叫"[10]，他们会为自己守护的人，而非为了自己的私利行动。

　　以伊巴密浓达为例，当他的底比斯同僚放任自我，纵酒狂欢时，他仍坚守武器和城墙，说只要自己保持清醒，其他人就可以喝酒睡觉了。再看看乌提卡(Utica)的小加图，在战役中失利后，他下令将士们回到海岸，送他们上船，并祈祷航行顺利，随即回到自己的住处，自我了断。他的事例教导我们，一个领导者应畏惧何人，唾弃何物。[11] 但赫拉克利亚①的僭

――――――――――

① 　很多城市取名赫拉克利亚，此处指位于今土耳其西北部黑海南岸的赫拉克利亚，又称潘提卡。

主克利尔库斯^①睡觉时，像蛇一样，将身体蜷缩进一个盒子里。阿尔戈斯^②的阿里斯托德姆斯常常穿过一扇门，进入二楼的房间，用床顶住门，和情人一起入睡。情人的母亲则在楼下拿走梯子，次日早晨再放回去。[12] 对于这个将自己的卧室改为囚牢的男人，你觉得剧院、执政厅、议事厅和酒会可能吓得住他吗？事实上，国王为自己的臣民感到害怕，而僭主则害怕自己的人民。[13] 因此，僭主的恐惧会随着权力的增加而增加：他们统治的人民越多，他们就越恐惧。

5. 某些哲学家称，神之所以存在，是因为世间出现了纯粹消极的或造成无数强迫行为、财富变动和动乱等的事物，但这种说法既不可能也不合适。相反，神伫立于神座（a holy pedestal），高高在上，近似于亘古不变的大自然，正如柏拉图所说 [14]，"遵循大自

---

① 克利尔库斯（Clearchus，约前450—前401），斯巴达名将，亚里士多德的学生。参加了伯罗奔尼撒战争、小居鲁士叛乱。

② 阿尔戈斯，希腊城市，位于伯罗奔尼撒半岛。

然沿着笔直的道路，神完成了自己的历程"[15]，就像在能看到神的人的眼里，天上的太阳以一个清晰而美丽的复制品现身，幻化为神的镜像，因此神得以将正义和理性之光遍洒城市。这种光是一种形象，自制力强的有福之人会求问哲学，尝试在自己身上复制这种形象，将自己重塑，以接近"善的绝对标准"[16]。除了理性，没有什么能通过哲学塑造一个人的个性。明白这一点，我们就能避免犯下亚历山大那样的错误。亚历山大在科林斯①见到第欧根尼时，非常仰慕他的天然品性，对他的才智和身材赞叹不已，并宣称："假如我不是亚历山大，我一定做第欧根尼。"从本质上看，他这么说，确切地表明了他为自己雄厚的财富、威望和权力所累，这些身外物变成了他追求美德之路上的绊脚石，让他无暇顾及其他。他更是扬言自己嫉妒这位哲学家破烂的斗篷和皮袋，因为第欧根尼没有被身外物降服，而他自己却受制于盔甲、马匹

---

① 科林斯，希腊南部港市，位于伯罗奔尼撒半岛东北部、科林斯湾东南岸，是希腊本土和伯罗奔尼撒半岛的连接点。

和长矛[17]。但实际上,他还是可以践行哲学的,可以同时维持亚历山大的成就,并培养第欧根尼的品性。因为他是亚历山大,所以他更有理由成为第欧根尼。他威名过盛,就如一条小船受到强风和狂浪的压制,需要厚重的压舱物和强壮的领航员。

6. 对于那些弱小而无名的普通公民而言,没有智慧、没有权力并不会造成伤害,就像在做噩梦时,苦痛感侵扰灵魂,灵魂却空有意志,无力回应一样。但政治权力,一旦陷入堕落,就会对人的情感造成客观上的冲击。因此狄奥尼修斯所言属实,他说,当僭主时,他最享受的就是快速满足自身欲望的时刻。如果人们想要什么,就能得到什么,尤其即使愿望不适当也能实现,那么这就是一个巨大的危险。"话音刚落,事就成了。"[18] 堕落,一旦与政治权力结合在一起,很快就为各种情绪找到发泄口:将怒火转化为谋杀,将爱意转化为通奸,将贪婪转化为财产占有。[19] 那"话音刚落",违者就丧命;稍有一点嫌疑,诽谤者就人头落地。科学家称,先有雷鸣,后有闪电,正如先有伤口，后有血流。即使我们先看到闪电，那也是因为我们的听觉被动地等待雷声，而视觉则主动捕捉光线。[20] 同理，在政府层面，惩戒可能先于正式指控，起诉可能先于呈堂证供。"因为精神已经屈服，不再坚韧，正如海中风起云涌时，埋入沙中的锚钩弯曲了一样。"除非能有重若千钧的"理性"涉入，并对政治权力施压。因此领导者理应模仿太阳，太阳在北方的高空攀爬，升至最高点时移动得最慢，但步子越慢，它的路径便越精确。

7. 当然，当人们身居要职时，恶习不可能被忽视。癫痫患者一到高空走动，身体就会旋转和摇摆，因而高处和运动会暴露他们的疾病。同理，命运通过某种财产、荣誉或职位将未受良好教育和不思学问的人提拔到稍为显赫的地位后，马上就会催化他们的堕落。或者换个说法，当瓶子都是空的时候，你分辨不出哪个是完好无缺的，哪个是受损的，但只要倒满水，裂缝就一目了然了。正是如此，破碎的灵魂无法承载政治权力，因为会源源不断地泄出欲望、怒火、

13

狂妄和虚荣。那么我为什么一定要讨论这个问题呢？

我们都知道人们会批评知名领导者身上哪怕最微不足道的缺陷。比方说，西蒙因喝酒、西庇阿因嗜睡受到诟病[21]，卢库卢斯因享用过于奢华的晚餐也遭到攻讦。

英文版注释

[1] 普鲁塔克引自欧里庇得斯一部现已失传的悲剧。

[2] 普鲁塔克指的是包裹着泥芯的青铜雕像。在雕刻完成的雕像里常常留着部分或全部泥芯。

[3] 对于波斯国王来说，阿胡拉马兹达是正义之神，是他们的守护神。希腊人将他等同于宙斯。

[4] 源自欧里庇得斯一部鲜为人知的失传悲剧。

[5] 普鲁塔克列举了三位著名的雕塑家：菲狄亚斯在雅典创作了大量的雅典娜雕像，在奥林匹亚创作了大量的宙斯雕像；阿尔戈斯的波利克里托斯创作了雕像《荷矛者》；伊柳塞拉（Eleutherae）的米隆创作了雕像《掷铁饼者》。

[6] 摘自荷马《奥德赛》19.109，111。

[7] 克雷图斯是亚历山大的军官之一。两人在庆祝活动中喝醉时，克雷图斯批评亚历山大偏袒波斯人，不尊重马其顿人。亚历山大一怒之下杀了他。

[8] 宙斯是众神之王，是诸国王的典范。阿那克萨库斯认为正义和公正是为国王服务的。

[9]《工作与时日》256。

[10] 荷马《伊利亚特》10.183—184。

[11] 尤利乌斯·恺撒的军队在乌提卡附近的塔普索斯（Thapsus）战役中获胜后，加图宁愿自杀也不愿成为俘虏，随后被恺撒赦免。

[12] 在《阿拉托斯的一生》(26) 中，普鲁塔克说起了关于阿里斯提波（Aristippus）的同样的逸事。他是公元前3世纪阿尔戈斯的僭主。普鲁塔克还补充了一个细节，尽管阿里斯提波已经关牢了楼上房间的门，却依然睡得"既焦虑又恐惧"。也许普鲁塔克打算在书中为籍籍无名的阿里斯托德姆斯写一些阿里斯提波的事吧。

[13] 受过哲学教育、仁慈的国王和自私的僭主之间的对比，是希腊政治思想中一个司空见惯的现象。最著名的是柏拉图在《理想国》中提出的"哲学王是理想的统治者"这一论点。

[14] 神座（pedestal）的概念来自柏拉图的《斐德若篇》(253d—254e)，在其中一段著名的话里，柏拉图将人的灵魂比作两匹马拉的战车。御车人代表理性，而马匹既是灵魂，对理性的命令作出反应，又是欲望，但欲望是很难控制的。柏拉图写道，当御车人看到美少年时，他并不渴求这种美的实例，而是会想起"美的本质"，他看

到美的本质"和自制力并肩站在一个神座上"。

[15] 柏拉图在《法律篇》(716a)中提出，神是一切事物的开始和结束。

[16] 普鲁塔克再次提到柏拉图关于绝对美的概念，它不仅拥有美的外表，它的本质也是美的。继柏拉图之后，普鲁塔克从伦理的角度构想美，因此我将普鲁塔克的"最美的事物"(the most beautiful of things) 翻译为"善的绝对标准"(the absolute standard of goodness)。

[17] 具体而言，萨里沙 (sarissa) 是一种特别长的马其顿长矛。

[18] 荷马《伊利亚特》10.242。

[19] 在第三个例子中，普鲁塔克让讨论回到政治领导的问题，因为没收财产是一种对罪犯的惩罚，也是专断领导者可能滥用的一种惩罚。

[20] 普鲁塔克对视觉和听觉的比较是基于发出 (extramission) 理论而形成的，即当眼睛发出的光线遇到外部物体时，就会产生视觉。

[21] 普鲁塔克可能指的是西庇阿·埃米利安努斯。在政治文章中，他多次以西庇阿为例。

如何做一个好领导者

　　以下原则是普鲁塔克针对麦内玛克斯（Menemachus）解释的,他来自小亚细亚(现为土耳其)的萨狄斯(Sadis),当时才刚开始自己的政治生涯。

　　在我们读的这篇文章和《长者应该参政吗?》中,普鲁塔克坚定地认为,想要从政,最好的方式是进入一位经验丰富的领导者门下;同时,这位领导者还要愿意带领新人,建立他们的信心,保护他们不受残酷现实的侵害,直到他们可以自立门户。但是麦内玛克斯没有时间进行这种"上岗培训",于是普鲁塔克同意写下这篇可视作政治领导金科玉律般的文章。由于麦内玛克斯无法亲自观察领导者做派,作为替代,普鲁塔克在本文中列举了古希腊罗马时期的大量褒贬不一的事例。在这些事例发生的那个时期,希腊城市仍是独立城邦,罗马共和国仍未演变成帝国。但是,通过强调一些通用的原则,普鲁塔克努力将旧时领导者的经验与他那个时代的从政者联系起来。他所讨论的主题包括个人的诚信、友谊的重要性、如何彻底说服自己的同胞、如何避免激怒上司,以及竞争和嫉妒必含的危害。本文首要的教导是,想要成功管理公众事务,必须对国家机构心怀敬畏,必须与各路从政者友好合作,必须令个人雄心服从于国家福祉。

普鲁塔克解释了很多,也举了很多例子。我从中挑选了一些段落,这些段落的内容都与这本选集的其他文章主题相关,与现代民主或大型组织的政治生活密不可分。我在不同的标题下搭配了不同的主题,让读者更容易区分,不过这些标题本身在希腊语文本中没有出现过。

麦内玛克斯，"全体亚加亚人（Achaeans）没有谁会轻视或反驳你的意见，但你没有给出解决问题的方案"[1]，假如在任何场合引用这句话都并无不妥，那么，一说到那些试图对我们施加影响，却不加以任何教导或解释的哲学家时，我们就该援引这句话。因为他们这么做，无异于修理了油灯，却不往里倒油。我看得出，与你的高贵地位相当，你甘愿服务你的家园，"既当演说家又做实干者"（to be a speaker of words and doer of deeds）[2]。你既没有时间通过政治活动和公开竞赛来直接观察哲学家的生活，也没有时间身体力行地观察实际事例而非道听途说，又来向我请教从政经验，我倒不太好回绝。那么，我希望这番努力能对得起你投身政治的决心和我伸出援手的热情。在你的请求下，我列举了各种各样的事例。

政治生涯的合理驱动力

首先，让有意识的选择像坚实的地基一样，成为你从政活动的基础吧。其次，你的选择必须源于判断与理性，而非追求虚荣、争强好斗或百无聊赖。因为就像有些人，他们在家无所事事，即便没什么要买，也跑到市集里，在那里消磨大部分的时间。从政者也一样，因为他们没什么值得关注的私人事务要打理，于是就投身公共事务，让政治占据他们的生活来打发时日。而其中的许多人，一旦突发奇想沾上了公众事务，就会忙得团团转，想抽身都没那么容易。他们经受着与那些为享乐登船游乐却被拽入深水的人相同的痛苦。他们眼巴巴地望着海岸，又晕船，又虚弱，却不得不留在船上，忍受现实的困境："船只乘风破浪，长椅上下颠簸，水面波浪翻飞，俊美的爱人啊，渐渐远去了。"[3] 这些人因渴求荣誉而声名狼藉，因倚仗权势、收割他人的恐惧而陷入危险与混乱中。于是，因为不快，他们很快转变心意，开始极力诋毁起政治来。

　　但那些基于理性判断而参政的人，将政治视为最合理而光荣的任务，并不因这些后果而惊诧，也不会轻易转变心意。我们绝不能像斯特拉托克利斯①和德罗摩克莱德（Dromoclides）那样，把参与公共事务当作赚钱的行当，开玩笑地将演讲者的讲台称为"金色丰收"（golden harvest），并邀约对方登台。[4] 我们也绝不能像盖约·格拉古（Gaius Gracchus）那样，冲动之下鲁莽行事。当他的兄长麻烦缠身时，他能离政坛有多远就多远，随后却因某些人的傲慢和针对他的侮辱而怒不可遏，愤然投身政治。他很快就享受到了统治和荣誉带来的快感。但是，当他需要改变生活方式，想要抽身，求得安宁时，他却找不到一个办法去放权，因为他把持的权力太大了。就这样，还没找到出路，他就被杀了。[5] 如同为参演而粉饰自己的演员一样，那些为参与政治角逐而树立人设并收

---

① 斯特拉托克利斯（Stratocles），希腊哲学家，活动于公元前4至前3世纪，据说曾对荷马时代的战术知识进行过编纂。

获荣誉的人，终究会转变心意，要么是因为他们受到了自以为统治了的人民的束缚，要么是因为他们与自己想要取悦的人民发生了冲突。我认为，那些误打误撞闯入政坛的人，正如坠入井中一样，困惑得很，同样会转变心意；而那些准备充分、深思熟虑、从容潜入的人，则会谨慎地处理事务，始终不受干扰，因为他们具备绝对的善[6]，拥有专一的行动目标。

公民与领导者的性格

一旦决定进军政坛，并且不打算轻易改变决心，从政者们就必须尽快了解公民的性格。这种性格在每一个个体性格的融合中显现出来，具有强大的力量。想要立刻塑造公民的性格、适应人民的本性很难，也存在风险，需要很多时间和强大的权威。好比酒，一开始为那些喝酒的人的本性所控制，但在温暖和融入了他们的身体后，酒就开始悄无声息地控制喝酒的人的性格，改变他们的状态。从政者也一样，在树立自己的声名和信誉，使其深入民心之前，必须根据当下人民的性格调整自己，与之共存，学会如何取悦他们、他们天生又适合哪种被领导的方式。举个例子，雅典人民很容易一激动就发火，一感动就同情心泛滥，他们倾向于快速地做出推测，而非冷静地倾听事实；他们非常乐于扶持籍籍无名的谦逊之人，同样，他们对那些有趣幽默的演讲表示欢迎，评价也很高；别人发出赞美，他们高兴得不得了，别人有意嘲弄，他们倒也不觉得冒犯；对领导者，他们不惧以下犯上，对仇敌，他们不吝释放善意。

迦太基人的性格则大为不同：他们激愤，阴沉，对领导者唯命是从，对臣民手段严苛，直面自己的恐惧时最为卑劣，火冒三丈时最为残暴，下了判断就死不悔改，一提享乐就面露不满，神色整肃。假如克里昂因为刚献完祭，要去招呼晚宴的客人，必须请求迦太基人延迟会议，迦太基人可不会笑着拍拍手离开座位。同样，假如亚西比德讲话时，斗篷里钻出一只鹌鹑，迦太基人可不会欢快地加入捕猎行伍，把鹌鹑还

给他。[7] 相反，他们会因两人举止放浪傲慢而痛下
杀手。这个从迦太基族人汉诺①身上就可见一斑，因
汉诺在军事行动中使用狮子作为驮畜，他们指控他意
图暴虐，并将他驱逐出境。而我个人认为，一旦截
获敌人的信件，底比斯人绝对会打开来看的。不像
雅典人，即便捉获了腓力二世手下送信给奥林匹亚
丝（Olympias）的信使，既不拆开信件，也不偷看一
个男人远隔重山向妻子倾诉爱意的私密信息。然而，
换个角度，假如伊巴密浓达不愿为自己辩驳而反对指
责他的人，旋即甩手走出剧院，径直离开公民大会
前往体育馆，那么我觉得雅典人可不会轻易容忍他的
无礼和傲慢。[8] 我还认为，斯巴达人远远做不到容
忍斯特拉托克利斯的傲慢和滑头。他让雅典人向他道
谢，因为好消息传来，前方打了胜仗。但不久却有人
宣称，雅典人实际上输得一败涂地，为此人们都心情
低迷。他却说因为他的缘故，人们还得以享乐了好几

① 汉诺（Hanno），迦太基贵族家族汉诺的首领。

天，有何不公？如今朝廷里的谄媚者，就像猎鸟的人一样，模仿国王的言行举止，处心积虑地挤上位，利用欺瞒诱导国王。但对于从政者而言，模仿人民的言行举止是不恰当的。理解他们，采取最有效的方法来赢得每一个人的青睐才是合理的。因为对人民性格的无知在我们的政治体系中所引发的失策与错误比在国王的随从中所引起的口角还要多。

因此，从政者在获得权力和信誉后，必须努力培养公民的性格，平和地引导其渐趋完善，妥善地予以对待，毕竟江山易改，本性难移。而如果你余生都要像登台演出一样，活在大众的视线当中，那么你必须装饰和安排你的生活方式。假如你做不到轻轻松松地抹去你灵魂中的全部瑕疵，那么就清除和减少其中最突出的缺陷。你听说过吧，甚至地米斯托克利在有意愿参政时，也不喝酒、不狂欢作乐，而是保持警惕、清醒和反思。他曾告诉朋友，看着米太亚得（Miltiades）的大理石雕像，他就不敢睡了。[9] 伯里克利改变了自己的身体状况和日常生活，走路时慢悠悠的，聊起天来也很温和，总是一副从容不迫的姿态，一手揣进衣服里，走在一条通往讲台和议事厅的小路上。没有谁能轻易地操纵一群人，也没有谁能轻易地以安全的名义把一群人关押在某处。如果人们并不像狡猾的小动物受惊了一样，畏惧你的视线或声音，并接受你的权威，你恰恰应当感到满足。

从政者必须非常关注这些问题，但他们应该就此忽略私人生活和品性的情况吗？应该放下对自己能否消除所有责难和诽谤的担忧吗？从政者们不能单单为自己在公众场合的言行举止负责，因为我们甚至会关注他们的晚餐、性行为、婚姻、娱乐活动和所有的兴趣点。那么我必须提及亚西比德吗？虽然他在处理公众事务上比任何人都高效，作为一个将军也所向披靡，但他缺乏自律，生活放荡狂妄，这两点已经摧毁了他，更别提他因为铺张浪费、奢华无度，根本没有提供给公民他所能提供的利益。西蒙备受雅典人指责，因为他酗酒成性；西庇阿备受罗马人指责，因为他偷懒睡觉（没别的理由了）。"伟大的"庞培被政

26

敌看到他用一根手指挠头，也遭到了唾骂。[10] 脸上的一颗痣或疣会比身体其他部位的斑点、生长物、瘢痕更能引起强烈的恶心感，所以领导者和从政者生活中的小缺陷也会被无限放大。这是因为大多数人都认为重要的事物，比如领导力和政治，应当没有任何反常和错误。想想保民官李维乌斯·德鲁苏斯（Livius Drusus），他家很多房间都是一览无余的，邻居们都能看见。他理所应当地深受敬仰，因为当某个工匠承诺只需五个能手[11] 就可以重新布置这些房间时，他说："给我来十个，把整座房子都布置得一目了然，让每个公民都能看清我的生活。"他的自制力太强了。但也许他并不需要做到这个地步，因为即便从政者们将自己的个性、忠告、行为和生活方式都深深地隐藏起来，人民也能一眼看穿他们的本质。评价一个从政者，不光要看他的公众习惯，还要看他的私下表现。人们喜欢和敬爱一些从政者，却厌恶和嘲讽其他从政者。

　　"为什么？城市不也雇用了很多铺张浪费的工人

吗?"是这样没错，但是，比方说，孕妇想含果核，犯恶心的人想吃咸的或类似的辣味食物，然而他们很快就会吐出来，不想再吃了。因此，人们也会做出这样的选择，因为领导者太无法无天，或找不到好领导者时，他们会利用现有的从政者，即使他们觉得这些人讨厌又可鄙。当一听到如柏拉图这样的话时，喜剧诗人会让他的角色"人民"说："快，快抓住我的手！我要选阿格里乌斯 (Agyrrius) 为将军！"他们就高兴了。而当"人民"要一个盆和一根羽毛来催吐时，他们说："曼提亚斯 (Mantias) 要登上我的演讲台了"，"他以最邪恶的疟疾——一种肮脏的疾病——为食"。但当卡尔波 (Carbo) 向罗马人民许下承诺，却报之以虚无的誓言和咒骂时，人民也纷纷起誓再也不相信他。在拉栖第梦，如果一个道德败坏的人提出了不错的建议，却被人民否决了，监察官会抽签选出一位长者，命令他提出同样的建议，这样的做法可以说把这个建议从一个肮脏的容器倒入另一个干净的容器中，更易为大众接受。因此，在政治领域，对一个人的性格信任与否有着巨大的影响。

演讲的力量

即便如此，我们也不能过于强调美德，而忽视演讲的风度和力量。相反，既然认为修辞并非游说的创造者，而是合作者，那么，我们应该纠正米南德的说法："演讲者的性格，而非演讲本身，才是游说成功的决定性因素。"实际上，性格和演讲同等重要。但是我保证，肯定有人会说，指挥船只的是领航员而不是舵，掉转马匹的是骑手而不是马嚼子，所以在政治这门艺术里，要说服整座城市，调用的舵柄和马嚼子不是演讲，而是你本人的性格。因此，这个论点是，你必须在后方掌控和引导整座城市，这就是柏拉图所说的驱赶动物的最佳方式。但我不赞成。因为正如荷马所说，那些宙斯天选（born-from-Zeus）的伟大国王用紫色长袍、权杖、保镖和神谕装点自己，以为自己是至高无上的，并运用王权使子民臣服。然而，他们仍然想要成为"演说家"，既不忽视演讲的风度，也不忽视"公民大会，这样他们才可能变得出类拔萃"。[12] 他们不仅想要成为议事会里的主神宙斯、战场上的战神阿瑞斯、军队中的守护神雅典娜，还想要成为"服侍尊贵的国王"、通过游说来驯服并吸引傲慢暴力的人们的史诗女神卡利俄珀[13]。那些想要领导整座城市，却穿着平凡、容貌普通的人，除非拥有极强的说服力和制胜的演讲能力，否则很难说服和驾驭人民？船只的领航员背后有人下达命令，但从政者们自身必须兼备领导者的心智和权威的演讲能力，否则，他们就需要借助他人发声，或只能像伊菲克拉特①一样，在被阿里斯托丰②的口才打败后，找借口下台："我的对手有更好的演员，但我有更好的剧本。"反过来，能力超群的话，他们就要用不上欧里庇得斯的这些诗句了："我希望可怜人的孩子们都是哑巴"，

① 伊菲克拉特(Iphicrates，约前418—前353)，雅典将军。他在恩巴塔战役时曾拒绝在暴风雨中作战，后被指控犯有叛国罪。
② 阿里斯托丰(Aristophon)，古希腊雅典政治家。他在公元前353年控告伊菲克拉特在恩巴塔战役中出卖舰队，按兵不动。

"真可惜，人的作为无法为人背书，如若可以，那些牙尖嘴利的家伙就一文不值了"。

因此，正如修昔底德所说，伯里克利统治下的雅典政治体系"名义上是一个民主国家"，但鉴于他演讲的能力，实际上却是"一个领袖领导的政府"。[14] 西蒙是个好人，厄菲阿尔特①和修昔底德都是好人，[15] 但当斯巴达国王阿奇达姆斯（Archidamus）问修昔底德，伯里克利和他相比谁更会摔跤时，修昔底德答道："谁知道呢，每次摔跤的时候，我都能放倒他，但他总是争辩说自己没有摔倒，并说服观众，赢得比赛！"这种技能不仅给伯里克利带来了荣誉，还给他的城市带来了救赎：雅典深受他的论点影响，保存了自身拥有的财富，免受海外的侵犯。相比之下，尼西亚斯（Nicias）也有相同的想法，却没有相似的说服力。他略有口才，但不足以引领人民，掌握不了主动

① 厄菲阿尔特（Ephialtes，约前500—前461），亦译"埃菲阿尔泰"，古希腊雅典政治家，属民主派，与伯里克利合作反对贵族派首领西蒙，后被反对派暗杀。

权和控制权。他屈从于人民的暴力，远征西西里，终究马失前蹄。[16] 人们说，想抓狼，不要去抓它的耳朵；但要掌控人民和城市，关键却是"抓住"他们的耳朵。缺乏演讲锻炼的人，只会用笨拙简单的手段来吸引人民。通过大摆筵席，他们抓住了人们的胃；通过慷慨捐献，他们抓住了人们的钱袋子；或者他们会不停地举办战舞、角斗士表演——他们以此来领导人民，其实不过是在讨好暴民。因为真正的领导是通过演讲来说服人民，而上文的驯服暴民则跟捕猎和放牧不可理喻的牲畜别无两样。

政治博弈不是小规模的战斗，而是全面的战争。因此，你必须运用声音活力和气息强度都训练有素的演讲能力，这样，即使又累又渴，你也不会被那些声音"像库克洛波罗斯（Cycloborus）一样洪亮的喧哗者"所压倒[17]。比如小加图，在人们和元老院都受到了小恩小惠和游说团体的影响时，他并不试图说服他们，而是挺身而出，一整天都在自顾自地演讲，听到的人就不会轻率地下决定。总之，关于演讲能力的培养和运用，我所写的已经足够了，你自己也具备进一步探索它的能力。

进入竞技场

要从政，有两条路径：一条迅速而耀眼，虽然不无风险，但会带来荣耀；另一条缓慢而平淡，但步子更稳当。那些选择第一条路的人就像从海角起航一样，直接从无畏的夺目功绩出发，踏入政坛。他们深信品达所说的这句话："做大事之始，务必铆足劲头。"（At the start of an undertaking, one must present a brilliant façade.）[18] 因为人们通常会更热情地欢迎新面孔，因为他们已经看够了那些老从政者，就像一出戏剧的观众欢迎新演员一样。此外，快速而荣耀地积累起来的高位和权力可以赶走嫉妒。阿里斯顿①曾说，快速燃起的火焰不会产生厌恶，快速迸发的荣耀不会激起嫉妒，而当人们淡定地一点点、一步步地建立

———————

① 阿里斯顿（Ariston，生卒年不详），斯巴达国王。

声誉时，其他人就会从四面八方攻击他们。正因为这样，许多胸怀抱负的领导者在有机会施展之前，就已在演讲台旁枯萎、死去了。人们对短跑运动员拉达斯（Ladas）评价道："他只听得见比赛开始时的枪声。"因此，对于那些因效力外交、夺得胜利、表现卓越而被冠以盛名的人来说，嫉妒的、轻蔑的家伙在他们心中掀不起半点波澜。阿拉托斯（Aratus）首个政举就推翻了僭主尼科克勒斯的统治，赢得了声誉；亚西比德的首个政举是与曼提尼亚人（Mantineans）结盟，反对拉栖第梦人。庞培当时没被选进元老院，但他觉得他应该当选才对，在苏拉不赞同时，他表示："人们更崇拜东升而非西落的太阳。"（More people worship the sun as it rises than as it sets.）西庇阿当时只竞选市政官，却被罗马人民依法选举为执政官。这个政治生涯的开端可不一般，因为人们惊艳于他初出茅庐时，对战伊比利亚（Iberia）的那场胜仗，更惊艳于他当上了军事保民官后，击败了迦太基的壮举。这些成就让老加图盛赞西庇阿"独有智慧，其他人都像影子一样亦步亦趋"[19]。

但在我们的时代，城市事务并不包括战时领导、推翻僭主或与盟友开展活动，那么要参政，我们还能做出什么显赫出色的创举呢？现在仍有公开审判和作为使者谒见皇帝的规定，这些都要求人们既要很热切，又要同时具备勇气和理性。你还有很多机会可以从中受益，要么复兴一些在我们的城市里失传已久的良好传统，要么废除一些在使城市蒙羞受害的恶习中滋养出来的风俗。要不然考虑成功辩护一件关键的诉讼案，或以一个弱者的身份挑战一个强硬的对手，彰显自己作为法律倡导者的真心诚意，或以支持公正的立场针对一个贪腐领导者发表一番坦率的演讲。这些都能让某些人在政坛赢得光辉的开场。

但很多荣誉加身的人都选择了缓慢但稳健的道路，比如阿里斯提德斯、福基翁、底比斯的庞米尼斯、罗马的卢库卢斯、老加图、斯巴达的阿戈西劳。就像常青藤缠绕在大树身上，与之一同攀爬，这些籍籍无名的年轻人也会接近声名显赫的老者，利用他们的权威逐步提升自己，通过合作，拔高自己的社会地位，在政坛站稳脚跟。就这样，克利斯提尼扶持阿里斯提德斯成长，卡布里亚斯则扶持福基翁，苏拉扶持卢库卢斯，法比尤斯·马克西姆扶持老加图，伊巴密浓达扶持庞米尼斯，来山得扶持阿戈西劳。阿戈西劳出于不合时宜的野心及对来山得名声的嫉妒，侮辱和抛弃了这个曾经是他导师的人；而其余的人，直到最后，都一直滋养和反哺那个赐予他们满树繁花的人，甘心为之装点。他们就像是反射太阳光的天体，在敬仰导师的过程中，进一步提升自己的地位，让自己也发光。那些贬低西庇阿·埃米利安努斯的人称他只是一个演员，他的朋友莱利乌斯才是创作他的行为剧本的作家。但莱利乌斯从未听信这些人的奉承，也从未想过要把自己跟西庇阿的美德和荣誉联系起来。庞培的朋友阿弗拉尼乌斯（Afranius）为人非常谦逊，但总想要当选执政官。当庞培转而支持其他候选人时，他放弃了自己的雄心壮志，声称如果庞培不想他上台，不支持他的话，当选执政官也不会是光荣的，反而会给他带来痛苦和烦恼。在拒绝妥协仅仅一年后，他就赢得了执政权，还维护了与庞培的友谊。[20] 同样，接受他人指导的同时，还能建立个人声望的人很受人们的青睐，当他们陷入麻烦时，来自他人的敌意会少一些。为此，腓力二世建议亚历山大去利用某个国王，或者在有能力的情况下，和别人愉快地谈心，友善地对待他人，做到广结友人。

但初涉政坛的新手，一定不能选仅有威望和权力的人作为导师。相反，他们必须选择那些凭借美德才获得威望和权力的人。不是每一棵树都愿意接纳和支持缠绕在自己枝丫上的藤蔓，有些树会扼杀和毁掉它们的生长。同理，我们的城市里也有仇善的人[21]，他们只爱受人尊崇和执掌权力的快感，不愿意给年轻人履行公民责任的机会。出于嫉恨，这些人甚至会打压年轻人，让他们慢慢衰靡下去，好像他们剥夺了自己的食物——荣耀一样。马略在利比亚和高卢通过苏拉的效命取得了很多成就，但他却暂停了苏拉的职务，并遣退了他。他为苏拉与日俱增的声望而感到不安，于是利用了苏拉的印形戒指（seal-ring）作为借口。马略在利比亚作战时，苏拉作为财务官相随，在执行马略派给他的任务时俘虏了努米底亚（Numidia）的国王朱古达①。年少气盛，野心勃勃，又是初次尝到荣誉的味道，苏拉忘乎所以了。他将自己扣押朱古达的画面刻在了一个印形戒指上，并经常戴着它。马略就借以下犯上为由遣退了他。随后，苏拉转而效忠卡图卢斯②和梅特卢斯③，他们品行良善，是马略的死对头。在马略离夺取罗马仅一步之遥时，苏拉通过内战快速地驱逐了马略，并罢黜了他。在庞培还是个愣头青时，苏拉就开始培养他了。等到庞培崭露头角，苏拉也已坐拥一方势力。[22] 他同样也给其他年轻人担任领导者的机会，甚至鼓励那些无此意愿的年轻人，

① 朱古达(Jugurtha)，前118至前105年在位。因在争夺王位过程中曾处死罗马商人，他即位后，罗马元老院即向他宣战。前107年马略任执政官，偕苏拉出征，前105年打败并俘杀了朱古达。这场战争被称为"朱古达战争"。
② 卡图卢斯(Catulus)，古罗马执政官。
③ 梅特卢斯(Metellus，? —约前91)，古罗马将军，元老院贵族党首领，曾任执政官。

因此，他的军队里全是有勇有谋之士。最后，他降服了所有人，因为他并不想独占权力，而是想成为伟人中的伟人。这正是我们必须坚决追随的那种领导者。伊索的鹪鹩乘在一只雄鹰的背上，但它突然飞走了，抢在了前面。[23] 我们绝不能以这种方式夺走导师的荣耀，相反，我们必须从他们身上获取荣耀，以及善心和友情。因为正如柏拉图所言，要想成为出色的领导者，必先成为忠诚的仆人。[24]

政治友谊

下一步，你要对你的朋友作出判断，但不建议采取地米斯托克利或克里昂的态度。克里昂当年决定踏入政坛时，首先聚集了他的朋友，当面和他们断了交，理由是友谊会极大地削弱和腐化一个人做出正确公正的政治决定的能力。如果他能把自己灵魂中的贪婪和好斗抹去，清除内心的嫉妒和恶意，他本可以做得更好。城市不需要缺乏朋友和同伴的人，但的确需要自制力强的有用之人。可事实是，他赶走了他的朋友们。"一百个可恶马屁精的脑袋围着他吐舌头。"喜剧诗人写道。[25]对那些公正讲理的人，他专横苛刻。但为了赢得大众的青睐，他甘愿俯首称臣："像照料老人一样照料他们，还双手奉上一笔收入。"最终他联手病弱的底层人民，对抗贵族。而地米斯托克利在别人告诉他，如果他能平等地对待每一个人，就能获得高贵的统治权时说道："我永远都不会坐在一张我无法厚待我的朋友而非其他任何人的宝座上。"但他错了，错在不该使政治依赖于友谊，使公共事务和集体利益屈从于私人恩惠和个人利益。而当西摩尼得斯提出不当请求时，地米斯托克利说："诗人在吟咏时违反韵律是不专业的，公民领导者在应承请求时违反法律也是不公正的。"

如果一艘船的船长选择了他的领航员，而领航员选择了他的水手，他们就会"知道如何在船尾掌舵，如何在起风时撑住舵杆"。同理，建筑师应当选择那些会完美辅助他执行任务，而非毁掉他作品的工匠。但是，如果从政者——据品达所言他们是最优秀的工匠，是秩序井然的政府和正义的创造者——从一开始就不选择那些和他们一样拥有热情，追求真善美的朋友和下属，而选择那些总是不公而暴力地左右他们服从其他目标的朋友，那可就惨透了。在这种情况下，他们就跟因为缺乏经验而犯错，误用正方形、尺子和铅垂线，最终制造出不规则的失败产品的建筑工和木匠别无两样。因为从政者将朋友们当作生活和思考的对照，他们行差踏错，但不能绊倒朋友们。朋友们一旦犯了错，他们也要警惕，不能重蹈覆辙。正是因为卷入了朋友的违法行为，梭伦才会颜面蒙羞，在公民中声誉扫地。当时他决定减轻债务，实施"解负令"（shaking-off，这就是他所说的取消债务），但他做出了一个最不公平的举动——提前告知了朋友们。于是他们迅速借了巨额钱财。法律执行了一段时间后，他们被曝出用借来的钱购置了美轮美奂的房屋和大片大片的土地。而梭伦，尽管他自己也被朋友的行为所伤害，却因支持他们的不公正行为而备受指责。

从政者与公民之间的合作

"所有百灵鸟都有羽冠。"西摩尼得斯道，而所有政治活动都会引来敌意和分歧。梭伦确实有错，但这位政治家这么说也有一定道理。如今大多数人都称赞地米斯托克利和阿里斯提德斯，只要出国执行外交或军事任务，他们在边境就会抛下对彼此的敌意，一切留到回国再说。有些人对马格尼西亚的克里蒂纳斯（Cretinas of Magnesia）评价很高，他是赫密厄斯（Hermeias）的政治对头。赫密厄斯虽然失去了权力，但仍胸怀壮志，才华横溢。当他们与米特拉达悌（Mithridates）的战争一触即发时，克里蒂纳斯明白，他们的城市正值危急存亡之际。于是，他告诉赫密厄斯，如果他出国，赫密厄斯就要执掌国务；或者如果赫密厄斯愿意的话，他会在赫密厄斯出国后接管指挥权。克里蒂纳斯的目的是避免他们之间的竞争对城市造成危害。赫密厄斯自然很欢喜这个提议，并称论打仗，他比不过克里蒂纳斯，遂带妻儿出城。克里蒂纳斯送了他一程，并把自己庄园里适用于逃难者而非被围困者的所有物品都赠给了他。随后，他英勇地接掌了这座濒临毁灭的城市，在绝望关头拯救了它。如果"我爱我的孩子，但我更爱我的国家"这种宣言是高贵的，是一颗伟大心灵的产物，那么如果克里蒂纳斯和赫密厄斯说"我恨那个男人，巴不得他不得好死，但我更爱我的国家"是不是更高尚呢？在导致我们必须放弃自己所爱之人的情况下，仍不愿与私敌和解，简直是罪大恶极。而福基翁和加图[26]更伟大，因为他们对与自己有政见分歧的人毫无芥蒂。他们只有在维护公众福利的政治争论中才会坚持己见，一旦涉及与政敌之间的个人分歧，他们就会冷静合理地对待。

事实上，你一定不能把任何公民当作自己的私敌，除非像阿里斯提安（Aristion）、纳比斯（Nabis）、喀提林（Catiline）那样对于城市是一种顽疾和疮口的人出现了。[27] 对于那些与你格格不入的人，即使他们犯错了，你也必须温柔对待，就像一个音乐家收紧和放松琴弦，让他们回归正轨，而非气急败坏地攻击他们。你可以学荷马，委婉地表达你的意思，比如说"我的朋友，我觉得你比其他人明智多了"[28]或"你知道怎样才能演讲得更好"[29]。而如果他们说了什么好话或做了什么好事，你不应为他们所获得的荣誉恼火，也不应吝惜对他们行为的赞美。因此无论何时，只要你做出批评，都是值得信赖的，你通过建立他们的美德，展示给他们看哪些是更有价值和恰当的行为，让他们少犯点错。我个人认为，从政者们应该验证七个与之政见相左的人行为的正义性，甚至在他们遭遇虚假的指控和乌有的诽谤时，为他们出庭作证。即便是声名狼藉的尼禄①，在处死特雷西亚（Thrasea）之前也是这么做的——虽然他特别憎恨和畏惧特雷西亚，但当有人指控特雷西亚在处理案件时不公正，尼禄选择了站在他这一边："我希望特雷西亚做我的朋友时，能像他做法官那么

---

① 尼禄（Nero，37—68），古罗马皇帝，54至68年在位，喀劳狄王朝末帝。

出色。"

领导者应该什么都能做，但不应该什么都做

现在有些人，比如加图，参与政务的方方面面，相信好公民会尽已所能，饱含热忱，关心社稷。人们盛赞伊巴密浓达，因为即使底比斯人出于嫉妒，为了羞辱他，给了他一个无足轻重的职务，他也时刻不忘自己的职责。相反，他说不仅职务可以改变一个人，人也可以改变一项职务。随即，他接手改革，将这个微不足道的职务变成了一项尊贵的荣誉，即便之前坐在这个位置上的人只需监察一下粪便的清理和街道积水的分流罢了。不用说，就连我自己，如果在众目睽睽之下执行相似的公务（我经常这么做），被市里闲逛的人们看见了，也会令人笑掉大牙。遇到这种情况，安提斯泰尼[①]那句令人难忘的话就有点用处了。当他提着自己的咸鱼走过市集时，人们纷纷表示

[①] 安提斯泰尼（Antisthenes，前445—前365），古希腊哲学家，苏格拉底弟子之一，古希腊犬儒学派的奠基人。

惊讶。他说："你们没看错，是我，但这也是为了我自己做的。"[30] 而如果有人说我量砖头、运送水泥和石料，我会告诉他们："你看，我不是在为自己干活儿，我是在建设我的家邦。"其他琐事也是一样：人们如果盯着自己的活儿，只为自己谋生计，他们会变得渺小而悭吝，而在为城市执行公务时这么做，他们则一点儿也不有失尊严。确实，他们为琐事所奉献的关心和热诚变得愈发重要。但是，其他人觉得伯里克利声望很高，他的架子就该端得更高才更合理。比如逍遥学派的哲学家克利托劳斯（Critolaus）就认为，正如雅典人的国家圣船萨拉米尼（*Salaminia*）和巴拉洛斯（*Paralus*）不该用于普通的工作，而应准备迎接关键而重大的任务，政治领导者们也只应投身最重要、最伟大的事务，就像欧里庇得斯笔下的宇宙之王所说的那样："神只掌管大事，而不理会小事，放之任之。"

我不赞成。我也不赞成人们对荣誉等身、无往不利的塞阿根尼斯（Theagenes）产生狂热的迷恋，虽说他斩获了各种大大小小比赛的冠军，在四大体育节[31]

46

上夺冠，不仅在角力 [32] 比赛里，还在拳击和长跑比赛中夺魁。撇去这些不说，他还参加了一次为了某个英雄而在神殿举办的节日，在大家都享用了盛宴后，他跳出来加入角力比赛，他认为只要自己参赛，其他人就毫无胜算。当然，他最后包揽了二十一项桂冠，但你懂的，其中的大多数都毫无价值。那些每次都赤裸裸 [33] 争当领导者机会的人和塞阿根尼斯别无两样：他们很快就会让人们对他们产生鄙视；赢了，他们就采取高压手段，嫉贤妒能，而一旦输了，其他人就幸灾乐祸起来；刚上台时替他们赢得赞誉的特质，则变成了被人嘲讽的笑料。

所以，我们一定不能对公共责任袖手旁观，出于善意和关心，我们必须对一切都保持关注和了解。我们绝不能像"神圣的锚" [34] 一样，躲在船上，冷眼看着我们的城市遭受极端的困厄或不幸。相反，想想船上的领航员吧。他们亲手操纵舵柄，但当他们坐在一旁时，也看着船员操纵滑车运作其他装置。因此，他们也依赖水手、水手长和船头的瞭望员。他们也经常召集其他的船员到船尾来替他们掌舵。同理，从政者们也理应怀抱善意放手给他人，允许他们做决定和发表意见。从政者们不能单凭自己的演说、政令和行动来完成一切公共事务，而要放权给值得信赖、品行端正的助手，让他们各司其职。故而伯里克利任命迈尼普斯①为将军，利用厄菲阿尔特试探战神山议事会的实力，通过查利努斯（Charinus）颁布惩罚麦加拉②的法令，派兰蓬（Lampon）去查究图里伊③的殖民地。当权力分散至多人头上，我们不仅不会受到嫉妒的困扰，还能更好地完成任务。正如一只手分成五根手指并不会使它变弱，反而让它变成一个实用的工具，那些和他人共享政治权力的人也可以通过合作使政府事务运转得更有效率。相比之下，有一些人出于对荣誉或权力贪得无厌的欲望，将城市的责任都包揽

---

① 迈尼普斯（Menippus），活动于公元前3世纪的犬儒派哲学家，擅长以讽刺手法讲述犬儒派哲学观点。

② 麦加拉（Megara），位于希腊阿提卡的一座城市。

③ 图里伊（Thurii），位于今意大利南部的一座城市。

上身，即使自己对那些事务毫无天赋、一窍不通，也非要去干，就像克里昂当将军，菲洛皮门当舰队司令，或汉尼拔在公民大会上夸夸其谈时一样。这种人失败时是找不到借口的，他们必须忍受我们在欧里庇得斯的著作里读到的这句批评："你是一个木匠，却根本不用木材工作。"类似地，我们也可能批评其他人："你是一个毫无说服力的演讲者，却去带领一个使团。""你很粗心大意，却成了一个行政人员。""你对会计毫无经验，却当了一个出纳。""你又老又弱，居然去率领一支军队。"但是，当伯里克利的劲敌西蒙在海外作战，为城市的战船招兵买马时，伯里克利居然愿意分点权力给他，和他一同治理雅典。这是因为伯里克利天生更适合从政，而西蒙则更适合上战场。

每个城市的人民都可能怀有恶意，总在政治领导者身上挑刺。除非他们观察到了一些党派纷争或反抗，不然他们会怀疑许多恰当的政策都是通过阴谋实施的，这种情况尤其会引发针对领导者的政治人脉和情谊的连番批评。从政者们一定不能放任彼此之间存在任何真正的敌意或分歧。比如开俄斯岛（Chios）的煽动者欧诺玛迪穆斯（Onomademus），他在一次派系斗争中大获全胜，但他不允许自己的同党将敌人全都驱逐出城市，他解释道："留几个敌人下来，我们才不至于和朋友倒戈相向。"这个道理很简单。当人们质疑一些重要且有益的决策时，千万别每个从政者都轮番上阵，用统一的口径游说，就像事先商量好了一样。反过来，如果朋友们三三两两地公开表示反对，和平发表意见，装得好像自己的立场被驳倒了，想要换边儿站，形势会明朗得多。通过这个策略，你的朋友就能拉拢人心，因为他们表现得一心为了这座城市好一样。在另外一些不太重要的事务上，允许你的朋友依靠自己的推理真诚地表示反对并无大碍。这样一来，谈到最关键的事情时，他们不用事先商量便能就最佳行动方案达成一致。

正如蜂后是蜂群中的领导者一样，从政者们自然要在一座城市贡献领导力，记住这一点，从政者们应该掌管公共事务。即便如此，他们也不应过分追求那些授予权力并通过选举获得的职位，因为热衷于担任公职算不上光荣，也称不上民主。但当人民需要他们依法效命，并授予他们权力，他们也不该拒绝任命。而且，就算是有损尊严的职位，他们也应该欣然接受，并诚恳地效力，因为那些身居高位、享有盛名的政治家们也有义务反过来担任这些职位，提高这些低级职位的地位。而说到那些最重要的职位，比如雅典将军，罗得岛①议事会成员，以及我们的盟友彼奥提亚诸邦②的领导者，从政者们同样有义务示好，对其他人做出些许让步，这样反过来会为低级职位增添荣誉和声望。这样我们也许可以避免被人轻视或嫉妒。

明白你的地位和权力

　　每次上位时，你要牢记伯里克利每次披上将军的斗篷都会对自己重复的一句话："记住了，啊，伯里

---

① 罗得岛（Rhodes），位于爱琴海东南部。

② 彼奥提亚（Boeotian），位于阿提卡和科林斯海湾以北。

克利，你在领导着自由的人民；你在领导着希腊人和雅典公民。"除了记住这句话，你也要对你自己说："你是一个管理者，但你自己也受到管理。你所领导的城市是属于罗马皇帝手下的代执政官的。'平原上没有长矛。'[35] 古老的萨狄斯消失了，著名的吕底亚（Lydian）军队也消失了。"[36] 你必须穿上一件合乎时宜的长袍；你必须将凝视的目光从军事指挥部转向演讲者的讲台；你必须放下对权力的觊觎和过分信任，因为你看得见代执政官的靴子还踩在你头上。你应该模仿演员们：他们将自己的情感、个性和尊严倾注到表演当中，但他们服从提词人提示的台词，不会违反自己角色的节奏和韵律，这些都是主持节目的人所安排的规矩。[37] 在任期间的过失行为不仅会导致冷嘲热讽，还会招致"可怕的惩罚者，砍断脖颈的斧子"，很多政治领导者已经尝过这种滋味了，比如突破了底线的同胞帕达拉斯（Paradalas）。而另一个男人，在他被放逐到荒岛后，用梭伦的话说，变成了"一个佛勒冈人或西西里人，不再是雅典人了，因为他改变了自己的家园"。

当我们看到孩童贪玩地穿上父亲的靴子，戴上王冠时，我们会忍俊不禁。但是，当我们的公民领袖愚蠢地鼓动人民去模仿那些不适合我们时代和环境的先辈的行为、精神和成就时，虽说显得十分可笑，但承受的后果不是玩笑，除非他们幸运地只遭受轻视而轻松地逃脱惩罚。以前的希腊人取得了很多其他的成就，政治领导者们会重述这些成就来塑造当代人的性格，教会他们自制。比如，从政者们不应提醒雅典人民在战争中获得的胜利，而应提醒他们那三十个僭主通过的大赦法令[38]，或普律尼科司（Phrynichus）因在悲剧中重现攻占米利都（Miletus）的情景而受到的惩戒[39]，或卡山德（Cassander）重建底比斯城后是如何戴上庆祝王冠的[40]。还可以提醒他们，阿尔戈斯人（Argives）在自己城邦乱棍谋杀了1 500个公民，消息传到雅典人耳中后，雅典人是如何下令清洗与会人员的，而在哈帕鲁斯事件（Harpalus affair）中，雅典人又是如何搜寻除一座新婚夫妇的新房外的每座屋子的。[41] 只有效仿这样的行为，现代雅典人才有机会成为他们的先辈。但是对于像马拉松、攸里梅敦河（Eurymedon River）、普拉提亚（Platea）这样伟大的战役，还有很多甚至会让人们毫无由来地骄傲自满的昔日成就，从政者们最好将其留给教师和他们的学校。

你不仅必须保证你和你的城市在我们的罗马统治者眼里毫无非议，你还应该在有权有势的高层中培养一个长期的朋友，为你的政治活动提供稳定的支持。事实上，罗马人非常热衷于促进朋友们的政治利益。此外，你与一位罗马领导者的友谊所带来的好处，可能会极大地促进你的城市的繁荣，正如波利比乌斯和巴内修斯，西庇阿对他们的友好给他们的城市带来了巨大的好处。或者再想想奥古斯都和阿里乌斯。奥古斯都攻占亚历山大城后，在阿里乌斯的护卫下一同进城，并在那么多同伴中，只与阿里乌斯单独交谈。[42] 随后，当亚历山大人以为会受到严苛的对待，并恳求奥古斯都宽恕他们时，奥古斯都却宣布，为了城市的声名，也为了纪念它的创始人亚历山大，他决定与他们握手言和，他补充道："同时还为了回报城里的一位朋友。"这种回报是无法比拟的，甚至比那些有利可图的行省治理权或总督职位更珍贵；而大部分人随着年龄的增长，都对他人门前的这种名利汲汲营营[43]，却忽略了自家的事务。也许我们应该改一下欧里庇得斯的诗句：如果我们必须彻夜不眠，对他人曲意逢迎，对领导者屈从拍马，最高尚的就是为了我们的城市去做；而在其他所有情况下，我们应该欢迎和培养我们在公平公正的基础上形成的友谊。[44]

虽然我们必须让我们的城市服从当权者，但在此过程中，我们不能羞辱城市：我们完全不必仅仅因为城市的双腿被捆绑了，就眼巴巴地再抻长脖子。但是有些公民领袖却这么做了，事无大小，都交由罗马统治者做决定，因而为自己的城市招致奴性的非议。或者说得更正确点，他们完全摧毁了自己的政治体系，让整个体系变得拖沓、糟糕和乏力。正如有些人养成这样的习惯：没有医生的建议，甚至都不敢吃饭、洗澡，以至于根本无法享受自然免费赋予的健康，那些从政者们就是这样，眼巴巴地等着罗马统治者对每一条法令、议事会会议、公民荣誉或行政行为做出判断。这样一来，甚至在违背自身意愿的情况下，他们就强迫统治者成了他们的主人。这种行为的主要原因是公民领袖的贪婪和好斗，他们要么攻击弱小的公民，逼他们逃离城市，要么在互相争斗、容忍不了失败的情况下把罗马当局牵扯进来。结果，长老会、公民大会、法院以及每一个公民职位都失去了权力。

一个好的公民领袖必须让每个人都参与政治进程，通过确保平等来安抚公民，通过允许合作来赋予公民更多权利。此外，在处理棘手的问题时，他们必须采取一定的政治手段，把问题当作顽疾去处理。在政坛的你来我往中，公民领袖必须学会认输，不要通过暴力或剥夺同胞的权利来获取胜利，他们还必须让别人也学会这么想，让他们明白政治对抗的破坏性有多大。不过，在现实中，从政者往往连优雅而体面地让步给同胞们、当地部落成员们[45]、邻居们，或执政的同僚们都不乐意；为了避免这一情况，他们会把分歧公然摆在公众辩护人的面前，交至律师手中，而这恰恰会带来危害和羞耻。当医生无法完全治愈一种疾病时，他们会把它引到病人的体表上。但是，当好的从政者无法保护他们的城市完全不受干扰时，他们会试图隐瞒任何引起骚乱和党派偏见的因素，尽可能不动用外部医治和药物来管理这些城市。因为政治领导者应该有意识地做出选择来促进稳定，以免像我所说的那样，因虚妄地追求荣誉而产生疯狂和混乱的局面。然而，领导者应有无畏的气质，"自信、无畏的力量啊，降临到为守卫国家而直面可怕对手、在艰难时世中英勇抗争的人身上吧"[46]。因为从政者们绝不能自己创造暴风雨，也绝不该在暴风雨来临时抛弃自己的城市。他们绝不能成为动荡的源头，而在自己的城市动荡临危之时，他们必须自由而直白地演讲，伸出自己的援手，就像在最恶劣的环境里甩出那个"神圣的锚"

一样。

尊重他人

　　最重要的是，我们必须尊重每一份公职，将其看作神圣的事物。我们也必须尊重每一个公职人员，要知道，同僚间的和谐和友谊给公职带来的荣誉，比王冠和紫色长袍要高得多。但是，那些把一起在军队中服役和训练的年少时光看作友谊的开端，却又将竞争将军职位或　同候选看作敌意的起源的人，都逃脱不了沦为三害之一。因为他们不认为同僚与他们具有同等的地位，所以他们排斥；或者他们觉得同僚更高高在上，所以他们嫉妒；或者他们自己自卑，所以他们鄙视对方。不过，我们必须争取上级同僚支持，提拔不如我们的同僚，尊重与我们地位相当的同僚。此外，我们必须欢迎每一个人，友好对待每一个人，因为我们不是吃一顿饭、喝一杯酒或在谁的家里结为朋友的，而是通过民意认识的，我们从我们的家园里继承了共同的善意。确实，西庇阿·埃米利安努斯在罗马受到了批评，因为他为赫丘利①修建了一座神庙，在落成之际为朋友们举办了一场宴会，却忘了邀请他的同僚穆米乌斯（Mummius）。[47]虽然在哪个方面他们都不把对方看作朋友，但在落成典礼这样的场合上，考虑到大家都是公职人员，尊重对方、礼貌相待还是必需的。所以，看看小西庇阿吧，他在各个方面都备受赞赏，却因忘记释放如此微小的善意、表现轻蔑而名声下跌，我们还能指望其他从政者表现出公正温和的模样吗？毕竟他们可是在践踏了同僚们的尊严后，还恶意阻断他们伸展抱负的机会，傲慢地夺走其他人的政治责任，抢着安排给自己呢。我还记得我年轻的时候，和另一个人一起出使，去见代执政官。不知怎的，那人脚程落后了许多，于是我单独会见了代执政官，完成了任务。当我回去准备汇报时，我的父亲走近我，低声嘱咐了几句。他让我不要说"我去了"而说"我们去了"，不

① 赫丘利（Hercules），罗马神话中的人物，即希腊神话中的大英雄赫拉克勒斯（Herakles），神勇无敌，完成十二项英雄事迹。

要说"我说了"而说"我们说了"，在方方面面都给足了我的同僚面子。这个举动不仅公平而人性化，还不会引致他人的悲伤，也即对他人荣誉的嫉妒。正因如此，有成就的人会把他们的成功归功于女神和好运，就像泰摩利昂[①]，他在摧毁了西西里的僭政之后，为机会女神修建了一座神庙。雅典人都对他惊叹不已，并称赞他杀了科提斯（Cotys），他却说："这是神的杰作，不过是借我之手完成。"有人说，斯巴达之所以得以留存，是因为它的国王们都善于领导，但斯巴达国王泰奥彭波斯却回道："不，是因为人民善于服从。"

但每当一个人需要完成伟大而有益的事情时，他需要进行顽强的斗争，需要付出巨大的心血。在这种情况下，你应该选择最有权势的朋友，或者在最有权势的朋友中选择最讲理的人。因为这类人会非

---

① 泰摩利昂（Timoleon，？—前337），古希腊政治家、将军。在西西里的独立战争中，率领叙拉古人击退迦太基军队，并且制定了叙拉古法典，帮助西西里重建。他在西西里度过余生。

常合作，至少不会和你对着干，由于他们拥有智慧，不会掺杂着好斗的情绪。此外，你必须了解自己的本性。当你接到了一个你并不是最适合去做的任务时，就选择一个更能干的同僚来代替你，而非选择那些和你相像的人，比如狄俄墨得斯（Diomedes），他选择了一个最聪明的人陪他去执行卧底任务，而筛掉了那些勇敢的人。[48] 因为这样，政治行动会更平衡，拥有不同美德、能力和雄心壮志的人之间不会产生斗争的欲望。那么，如果你不擅长演讲，你就要选一个受过演讲训练的人作为诉讼的同僚或出使的帮手，就像佩洛皮达斯（Pelopidas）选了伊巴密浓达一样；如果你像卡利克拉提达斯（Callicratidas）那样，在公开演讲时缺乏说服力，表现得傲慢自大，那么你应该选一个优雅谦恭的伙伴；如果你身体虚弱，不适合劳作，那么就选一个勤劳强壮的助手，就像尼西亚斯选了拉马库斯（Lamachus）一样。就好比革律翁（Geryon）凭一己之力就能控制那么多手手脚脚和眼睛，我们也会想要变成他那样。[49]

而如果从政者们都能齐心协力，将自己的人脉、资源、运气、能力和美德聚集起来，为了同一个目标共同付出，那么，相比个人获得的成就，他们会赢得更高的荣誉。这与阿尔戈英雄们（Argonauts）的事例相反，他们抛弃了赫拉克勒斯，不得不自救，并在咒语和药水的帮助下偷走了女士房间的金羊毛。[50]

政治的赏赐

人们走进神庙时，会把金子留在外面，但直白点说，没有人会把铁带到神庙里。演讲者的讲台就相当于议事会里的宙斯和城市的守护者，相当于法律和正义，站在上面，你身上的贪婪就会掉落下来，就像你剥落铁上的锈、去除灵魂里的顽疾一样。将这些恶念扔给市集的零售商和放债人，"你自己转身离去"[51]，你要知道，通过公务捞油水的从政者们所赚的钱都是从神庙、坟墓和朋友那里顺来的；他们背信弃义，做伪证，赚黑钱；他们都是不可靠的顾问、谎话连篇的陪审员和贪腐的领导者；简单地说，他们被各种形式的不公玷污了。所以，我不必说太多。

虽然热爱荣誉比热爱利益高尚得多，但前者对政治体系的危害性不亚于后者。因为热爱荣誉会让人们变得大胆鲁莽，这是特别活跃浮躁的人的天性，迟钝谦虚的人身上没有。暴民发出的赞美声浪常常会让一个人心中对荣誉的热爱膨胀，最后发展到难以控制的地步。柏拉图曾说过，小时候就应该教导年轻人，在身上佩戴黄金或拥有黄金都是不对的，因为他们的灵魂中本来就有黄金，这说明（我认为）美德是人类本性的一部分，从出生的那一刻起就镌刻在灵魂之中。[52] 就这样，让我们通过将荣誉看作自身拥有的黄金来检视自己对荣誉的热爱，这种黄金不会因嫉妒或非议而遭受污染，同时还会因为我们计算、检视自己的行为和政治成就而增加。因此，我们不需要用青铜涂绘、雕刻或锻造的荣誉，这实际上反而会提高其他人的声名，因为这种认识会激发人们对制造青铜荣誉的人，而非青铜荣誉的所得者的钦佩，就像"小号吹奏者"（the Trumpeter）①和"掷铁饼者"（the Discus Thrower）一样。[53] 老加图也是，有一段时间罗马到处都是雕像，他却不让别人雕刻一尊他的雕像："我更喜欢别人问我为什么没有你的雕像，而不是为什么有你的雕像。"因为物质的荣誉会引起嫉妒，对于那些没有获得荣誉的从政者，人们往往觉得亏欠；而对于那些已经获得了它们的从政者，人们会觉得他们傲慢专横，好像他们在利用公职获取报酬一样。一个驶过叙尔提斯（Syrtis）[54] 却在横渡大海时翻船的人没什么突出的成就，从政者也一样，那些监管国库和公共收入，却未能在王位或执政厅尽职尽责的，不仅会撞上高高的海角，还可能没入海中。[55]

最好的从政者不需要物质的荣誉，甚至逃避和拒绝它们。如果某些恩惠或善意很难回绝，那纯粹是

---

① 小号吹奏者，或谓"垂死的高卢人"（the Dying Gaul），公元前3世纪希腊化时代为纪念帕加马王国打败高卢人而作的青铜雕像，现存于意大利卡皮托利内博物馆的为罗马摹制的大理石雕。

因为获得者非常渴望拥有它们。对于不渴求金钱或赏赐，只因政治竞争是神圣的，并能获得一顶桂冠的从政者来说，[56] 一条铭文，简短的通告、法令，或一根橄榄枝就足矣，就像埃庇米尼得斯（Epimenides）在净化了城市后，雅典卫城所颁给他的奖励一样。阿那克萨戈拉①拒绝了别人颁予的荣誉：他还请求，在自己祭日，允许孩童不上课，享受假期，愉快玩乐。因为荣誉绝不能当作履行职务的报酬，而应该是象征，这样才能长久地流传下去。想想法勒鲁姆（Phalerum）摆着三百尊德米特里乌斯②的雕像：上面还没来得及出现锈迹或污渍，就当着他还在世时被人推翻了。至于得马得斯③的雕像，都被熔掉做便壶了。许多物质的荣誉都遭受了同样的命运，因为人们被激怒了，不仅为受赠者的堕落，也为赠礼的奢华程度。

---

① 阿那克萨戈拉（Anaxagoras，约前500—前428），古希腊哲学家、原子唯物论的思想先驱。

② 德米特里乌斯（Demetrius，前336—前283），马其顿国王，致力统一亚历山大建立的帝国，屡次夺取坚城，获得"围攻者"称号，后因战败郁郁而终。

③ 得马得斯（Demades），公元前4世纪的古希腊政治家，以辩才著称。

因此，朴素从俭是维护荣誉最合适、最稳定的做法，隆重、膨胀、盛大的奖赏反而很快倒塌，就像比例失调的雕像一样。

英文版注释

[1] 荷马《伊利亚特》9.55—56。荷马经常把希腊人称为亚加亚人。

[2] 荷马《伊利亚特》9.443。

[3] 普鲁塔克引自一首不为人知的诗歌。该诗的希腊文本尚不确定，且含义模糊。

[4] 从政者们在公民大会上站着演讲的演讲台，被普鲁塔克看作政治生活的焦点。

[5] 当提比略·格拉古（Tiberius Gracchus）担任罗马平民保民官时（前133年），他的公众立法招致了与元老院的冲突，最终导致他死于群体暴力。他的兄弟盖约后来继承他的计划（同样担任平民保民官，前123—前122），其策略甚至更具进攻性。但他未能执行全部计划，就失去了政治职务。为此，他诉诸武装冲突，其间不幸被杀害。

[6] 在《致未受良好教育的领导者》一文中，普鲁塔克把"绝对的善"看作明智的政治领导的基础。

[7] 根据普鲁塔克记载的克里昂和亚西比德的生平，雅典人实际上容忍了这些荒唐行为。

[8] 伊巴密浓达对战斯巴达时赢了一场重要的胜利，引来了对手的嫉妒。返回底比斯后，他在法庭遭到了攻击。

[9] 米太亚得赢了马拉松战役，为此常常获得赞誉。在这场公元前490年发生的战役中，雅典人打败了波斯人。普鲁塔克的观点是，地米斯托克利发誓，不达成同样的成就决不罢休。

[10] 罗马人认为这种行为有损男人的阳刚之气。

[11] 一个这种能手可要花一大笔钱。

[12] 荷马《伊利亚特》9.441。

[13] 赫西俄德《神谱》80。卡利俄珀是掌管史诗的缪斯女神，这个名字的意思是"美妙的嗓音"。

[14] 修昔底德《伯罗奔尼撒战争史》2.65。

[15] 不是历史学家修昔底德，而是一位像西蒙和厄菲阿尔特那样与伯里克利同时代的从政者。

[16] 在伯罗奔尼撒战争爆发时，伯里克利推行了不交战政策，保护雅典不吃败仗。但战争刚一打响，他就去世了，其他从政者转而推行更具侵略性和扩张性的策略，继而发生了那场结局惨痛的西西里战役。

[17] 阿里斯托芬《骑士》137。库克洛波罗斯河是雅典附近一条水流湍急的河流。

[18] 品达《奥林匹亚凯歌》6.4。

[19] 摘自荷马《奥德赛》10.495。

[20] 由于罗马执政官每年选举一次，且通常不能连任，阿弗

拉尼乌斯要等一年，进入下一个选举周期，那时庞培的优先候选人不会参选。

[21] 普鲁塔克再次回到他的主题：最好的从政者会追求绝对的善。

[22] 也就是说，苏拉向年轻的庞培展示了通常长者才配得上的尊敬。

[23] 《雄鹰和鹪鹩》大概是一则伊索寓言，但除了此处提及外，别无任何信息。

[24] 柏拉图《法律篇》762e。

[25] 这首诗在阿里斯托芬的喜剧中出现过两次，分别是《黄蜂》1033和《和平》756。

[26] 大概率指老加图，普鲁塔克在《名人传》中常将他与福基翁相提并论。

[27] 这三个人都被视作罗马的敌人，都在战斗中不幸牺牲或被处死。

[28] 荷马《伊利亚特》17.171。

[29] 荷马《伊利亚特》7.358。

[30] 作为一个有钱人，安提斯泰尼一般会让仆人代为购物。

[31] 即在奥林匹亚、德尔斐、尼米亚、科林斯地峡的节日。

[32] 拳击和摔跤的结合。

[33] 我们会说"穿上衣服"，但希腊人在体育比赛中惯于裸体竞技，因此他们参加比赛时会脱光衣服。

[34] 所谓神圣的锚，就是船上最大的锚，通常留作备用，只

在极端情况下才会动用。众所周知，投下神圣的锚意味着在艰难的情况下争取最后的希望。

[35] 索福克勒斯《特拉基斯妇女》1058。

[36] 这篇散文很可能是写给萨狄斯的公民麦内玛克斯的。在古代，萨狄斯是独立王国吕底亚的首都，统治着许多希腊城市。

[37] 在希腊剧院里，演员们的台词都是由各种诗意的韵律谱写而成的。

[38] 伯罗奔尼撒战争结束后一年，雅典的民主制度被三十个僭主所废除，他们联手统治雅典，并迫害他们的政治对手。民主制度恢复后，那些支持僭主政府的人意外获得大赦。

[39] 公元前494年，波斯攻占米利都（现代属土耳其）时，雅典坚定支持米利都。普律尼科司很快就创作了他的戏剧，雅典人觉得他唤起了他们对这桩沉痛的事件的回忆，故而对他处以罚款。

[40] 公元前335年，亚历山大在底比斯反抗马其顿控制后，一举摧毁了底比斯。亚历山大死后，卡山德统治马其顿，在公元前316年重建了城堡。

[41] 哈帕鲁斯是亚历山大的财务长。他挥霍一通后，避难于雅典（前324年）并在那里被捕，但后来成功逃跑了，这让人怀疑某些雅典人收受了他的贿赂。

[42] 公元前30年，奥古斯都在与马克·安东尼的战争中占领

了埃及的亚历山大城。亚历山大城的阿里乌斯·狄迪莫斯（Arius Didymus）是一名哲学家，后来成了奥古斯都的顾问。

[43] 这是指罗马人在家中招待有权有势的人，希望得到政治及其他方面帮助的一种做法。

[44] 普鲁塔克改编自欧里庇得斯的《腓尼基妇人》524—525。

[45] 在许多希腊城市中，公民被划分成称为部落的政治单位。

[46] 改编自荷马《伊利亚特》17.156—158。

[47] 西庇阿·埃米利安努斯和卢修斯·穆米乌斯都在公元前142年担任监察官。

[48] 当狄俄墨得斯被派去侦察特洛伊人时（荷马《伊利亚特》10.227—253），他选择了奥德修斯作为他的伙伴。奥德修斯以思维敏捷而闻名，超越了其他和他一样骁勇善战的希腊英雄。

[49] 革律翁是神话中的巨人，拥有三个身躯。

[50] 在神话《伊阿宋和金羊毛》中，赫拉克勒斯被抛在了后面，而伊阿宋（Jason）和他带领的阿尔戈英雄们没有足够的力量去偷羊毛。拥有金羊毛的女巫美狄亚（Medea），即国王的女儿，爱上了伊阿宋，并用她的魔法帮助他完成了任务。

[51] 荷马《奥德赛》5.350。

[52] 柏拉图《理想国》416e。

[53] 两尊著名的雕像。普鲁塔克又说到了他在《致未受良好

教育的领导者》中提及的论点。

[54] 利比亚海岸上的两个海湾被命名为叙尔提斯。

[55] 普鲁塔克的观点是，从政者在职业生涯中不该因在小事上表现出色而过早地被授予荣誉。

[56] 参加由希腊宗教场所赞助的体育赛事的运动员赢得了桂冠。

长者应该参政吗？

　　普鲁塔克眼里的"长者"，是为国效忠二三十年的超过五十岁的人。他指出，自己撰写这篇文章时，年纪已经很大了。这篇文章是写给优法尼斯（Euphanes）的，普鲁塔克说这个人和自己年纪相当，从政历程相似，只不过他在雅典，而自己在喀罗尼亚。这篇文章分为两部分。我把第一部分命名为"年长从政者的价值"。在这一部分，普鲁塔克谈及了年长的领导者是否应该退休的问题。他给出了一个斩钉截铁的"不"字，他指出了年长者可以带来的巨大益处。他们在制定决策中可以提供经验、智慧和冷静的头脑；由于已经声名远扬,他们身上不会出现驱使着年轻人的雄心、急躁和好斗。第二部分是"年长从政者的角色"。普鲁塔克更细致地描写了年长者作为老师和导师的形象。实际上,他说的老一辈可能传授给年轻一辈的建议,和他在《如何做一个好领导者》中给麦内玛克斯的建议相似。普鲁塔克还解释说,除了终生不断地参与政治活动外,年长领导者所拥有的技能和经验是不可能通过其他途径获得的,而且坚定的从政者们将人生的各个阶段和方面都奉献给城市和人民,即使不再担任公职了,也仍然忧国忧民。

这篇散文是通过老加图跟西庇阿·埃米利安努斯、盖尤斯·莱利乌斯这两个年轻人之间的对话展开的,同西塞罗的《如何优雅老去》有异曲同工之处。在这篇文章的论证中,普鲁塔克借鉴了三位罗马从政者的经验。他似乎也觉得老加图是领导者在最后的职业生涯如何坚守自我的一个很好的例子。

1. 噢，优法尼斯，我很清楚你欣赏品达，经常重复他这句金玉良言："就算比赛开始了，随便一个借口也能粉碎你的勇气。"[1] 一谈到政治竞争，我们的迟疑和弱点都有了充分的借口，而最终我们的年龄问题总会浮现，就像"神圣的一步"[2] 一样姗姗来迟。而到了这一步，我们的雄心壮志似乎就被钝化，被蒙上了羞耻，我们进而被说服，不仅运动员，从政者也理应拥有得体的结局。既然如此，我想我应该给你们解释一下，我常常得出的关于年长者参政的结论。我不想抛弃我们一起走过的旅途中形成的漫长友谊，也不想抛开我们的政治生活，这就像放弃一个熟悉的老朋友，转而投向一种全新的陌生生活，而这种生活太过短暂了，很难熟悉、友好起来。我希望我们能始终坦诚地面对自己一开始就选择了的生活，毕竟我们曾一心要"活着"并且"高贵地活着"。当然，除非在剩下的短暂生命中，我们企图证明自己活过的前一半漫长的人生不过是空虚而不光彩的。

年长从政者的价值

与他人曾对狄奥尼修斯所说的相反，僭政实际上并不适合充当高贵的葬礼裹尸布。但狄奥尼修斯不仅实行僭主统治非常久，还视公正为无物，这让他的下场显得更为悲惨。后来，当第欧根尼在科林斯看见了狄奥尼修斯的儿子，发现他虽然作为一个公民生活着，但之前也是一个僭主时，这位哲学家立刻叹道："你的地位多么不值得啊，你居然还享有好运，小狄奥尼修斯！你不该继续毫无畏惧、自由自在地在我们之中生活。你应该像你的父亲一样，躲进僭主的宫殿，在家中养老去。"然而，当人们习惯于像当政时一样以公民的身份为国家服务时，他们通过守法的民主政治活动在生活中获得的声誉，就变成了他们死后享有的声誉。这种声誉尤为适合充当高贵的葬礼裹尸布，因为正如西摩尼得斯所说，它"最终也要化为一抔黄土"。但对于那些生前就丧失了对人性和善的热爱，或在产生基本的生理需求前，对真正的美和善的热爱就消退了的人而言，是不会获得这种声誉的，因为灵魂中情感、生理的元素往往比务实、神圣的元素更为持久。[3] 我这么说不太对，也不应该赞成别人这么说，只有有利可图，我们才不会疲于努力。相反，我们应该改进修昔底德的这句话，坚信不仅"对荣誉的热爱是永恒的"[4]，而且甚至存在于蚁群和蜂群中的社区和政治也是永恒的。因为一只蜜蜂老了，是不可能变回雄蜂的，于是在某种程度上，有些人认为从政者们一旦度过了黄金时期，就别碍着别人的道，而应坐在家里吃吃饭，看着自己的实用技能因为荒怠而变得无用就行，就像铁器生锈后变钝了一样。老加图曾说过，老了之后麻烦已经够多，别再做出不当行为，弄得晚节不保。而在这些不当行为之中，懒惰、懦弱和道德败坏可比一个老人从公职上退下来，守在家里干着女人的活计，或盯着田里收割和脱粒的人羞耻多了。我们可能会立刻发问："俄狄浦斯的结局和他那著名的谜底何解？"[5]

　　相比那些早早退休的人，那些不在年轻时反而在年老时才开启政治生涯的人会如何？正如有人戏称埃庇米尼得斯年轻时光睡觉了，五十年后老了才醒过来。那些人抛掉长期以来的平静生活，投身于竞争和公职之中，在处理政治事务和与同僚周旋时不习惯、不熟练、不善言辞。某些评论家看到这一幕，可能会说出皮提亚的那句话，追求公职和公众领导权："你出现得太晚了。"在人生错误的季节里，你敲响了军事指挥部的大门。你就像一个去参加聚会的客人，对社交规范毫不了解，所以深夜姗姗来迟，又像一个异乡人，没有变换地点或国家，却将熟悉的生活转换为完全陌生的环境。对于那些还有时间去重新接受训练、学习新事物的人而言，西摩尼得斯的这句话是对的："城市可以教导人民。"如果这个城市在适当的时机里把握住了一种天性，能够轻松地经受苦难和痛苦，那么就算参与再多政治竞争和公共事务，你也很难通过城市对你的考验。[6] 相信那些年纪大了才开启政治生涯的人会对这条建议深有体会。

2. 然而，另一方面，我们可以看到年轻人和刚起步的人被理智的人拒之门外，不准他们接触公共事务。这条规矩在公民大会的传令官身上也可见一斑，因为他们不会先把亚西比德和毕特阿斯①这种人放到演讲台上 [7]，而是召集那些超过五十岁的年长者去演讲和给出建议。这是因为年长的从政者经验丰富，对于那些大胆的行为司空见惯，因此他们不会像年轻人一样，急于打败自己的政治对手。老加图在八十岁受审时说，和年轻一代打交道，在他们面前为自己辩护，真的很难。大家都赞成"恺撒"（即打败安东尼的奥古斯都）在人生的最后阶段让自己的统治变得更有威严，更有利于人民。奥古斯都凭借习俗和法律，手段严厉地驯服了年轻一代，他们骚动时，他就说："年轻人，不听老人言，吃亏在眼前，我年轻的

---

① 毕特阿斯（Pytheas，约前330—？），古希腊地理学家和航海探险家。

时候也得听老人的话。"伯里克利在老年时的政治领导甚至威力更盛，他说服了雅典人发起战争。[8] 当雅典人急于在一个不合时宜的时刻正面对抗六万甲兵时，他挺身而出，将所有武器和城门的钥匙封存起来，阻止了他们。色诺芬写给阿戈西劳的话每一句都值得援引："他的老年在哪些青年面前还不够优越？有谁在鼎盛时期能像阿戈西劳在晚年一样对政敌有如此威慑力？有谁的军事敌人虽然活得很久，让步给阿戈西劳却比谁都开心？有谁能像阿戈西劳一样，快与世长辞了，还能给盟友们打一剂强心针？有哪个年轻人能像阿戈西劳一样，逝世了还深受友朋的缅怀？"[9]

3. 年老也不能阻止领导者们做出伟大成就。但对于我们这些安逸地生活在政治体系里，既遇不上僭政，也遇不上战争或围剿的人，面对大多数的冲突和斗争都通过法律和辩论和平解决，是不是会感到些许不安呢？如果是，那么我们要承认，我们不仅比不上过去的将军和人民领袖，甚至比不上诗人、教师和演员。事实上，西摩尼得斯老年时赢过一场合唱比赛，它的结束语给出了警示："因西摩尼得斯为合唱做出的训练，光荣将追随他，列奥普列普斯（Leoprepes）的八十岁儿子。"而他们说，索福克勒斯为了证明自己没有患他的孩子们所指控的痴呆症，大声地朗诵了他所写的《俄狄浦斯在科洛诺斯》（*Oedipus at Colonus*）中的第一首合唱歌曲。这首歌的开头是这样的："陌生人，你来到，这片土地上最辉煌的房子，这个国家因骏马而闻名，善良的科洛诺斯，婉转的夜莺时常歌唱，就在绿色的峡谷里。"[10] 这首歌唱得太动人了，他们说索福克勒斯被护送出法庭时，就像从掌声雷动的剧院里走出来一样。大家都同意索福克勒斯写了这么一个简短的警句："在五十五岁时，索福克勒斯为希罗多德①写了一首歌。"当戏剧诗人腓勒蒙②和阿莱克西斯③在舞台上表演，获得桂冠时，死神也悄悄地降

① 希罗多德（Herodotus，约前484—约前425），古希腊历史学家。西塞罗称其为"历史之父"。有名著《历史》（即《希腊波斯战争史》，9卷）传世。

② 腓勒蒙（Philemon，前361—前263），古希腊新喜剧诗人。

③ 阿莱克西斯（Alexis，约前372—前270），古希腊中期喜剧诗人。

临了。埃拉托色尼[①]和斐洛科鲁斯[②]说悲剧演员波拉斯
(Polus) 已经七十高龄了，在死前的四天里表演了八
出悲剧。

4. 要是有人觉得出现在舞台上的长者，比那些出
现在演讲台上，并在从神圣的比赛中退出后抛开政治角
色、转而做起不可思议事情的人更光荣，这难道不可
耻吗？卸任国王后，跑去当农民，确实显得谦卑。[11]
德摩斯梯尼说"巴拉洛斯"号受到了不应有的对待，
它是一艘圣船，但梅迪亚斯（Meidias）却用它来运送
木材、藤蔓道具、动物饲料。[12] 同理，如果从政者
们放弃了运动会的管理职位、皮奥夏城的领导权和邻
邦同盟议事会的主席权，被派去分发大麦、捣碎橄榄
和剪羊毛，他们难道真会像自己所说的那样，老老实
实地自愿"放牧"吗？从政后又重新拾起卑微寻常的
工作，就好比脱掉一个自由而谦逊的女人的衣服，要

---

① 埃拉托色尼（Eratosthenes，约前276—前194），古希腊地理学家、天文学
家和诗人。
② 斐洛科鲁斯（Philochorus），活跃于公元前3世纪，阿提卡史学家。

她换上围裙，强迫她去酒馆工作。如此一来，一个人的政治美德转移到处理家务琐事和理财上，他的尊严和地位就被摧毁了。

但是，如果这是唯一的选择，不妨冠以"放松享乐"和"高奢生活"的美名，再恳请从政者们在这种状态中悄悄地、慢慢地终老。我都不知道这两个名字中的哪一个更能形容这种生活了。也许在还没抵达港口之前，就抛掉正在航行的船只的水手们正是有了这种念头，才会将余生都浪费在放纵性欲上。或者，正如一些艺术家穿着藏红花长袍，拜倒在吕底亚女仆的裙底下，卷曲着自己的头发，为自己扇风，在翁法勒的宫廷里嬉戏胡闹地调笑赫拉克勒斯，我们是不是也应该让从政者作乐，剥掉他们的狮子外表，让他们倚靠在桌旁，永远地享受歌曲，沉迷于阿夫洛斯管乐呢？[13] 我们是不是也应该被"伟大的"庞培告诫卢库卢斯的言语所威慑呢？在结束了军事和政治生涯后，卢库卢斯长期过着沉闷的日子，沉溺于沐浴、晚餐、白日宣淫，还有年轻人们负责的建造事务，可笑的是，他还批评庞培热衷执政，追求荣誉，同他的年龄太违和了。庞培回应说，事实上，对于一个老人来说，沉溺于奢侈的生活比继续在政府任职更不合情理。庞培生病时，医生让他去吃一只画眉，但这种鸟已经过季了，很难购买，有人告诉他卢库卢斯的府里养了很多画眉。但卢库卢斯并没有给庞培送去哪怕一只，他叫嚣道："怎么，如果我不是一个享乐主义者，庞培就活不了了？"

5. 即使我们的天性是千方百计寻求乐子，老年人的身体也已经放弃了必要之外的所有快乐。欧里庇得斯说，连"阿芙洛狄忒①都会被老人激怒"。老人只对大部分平淡而无须牙齿咀嚼的食物和饮料有欲望，而且还是在他们勉强提起兴趣的情况下。[14] 但我们必须在自己的灵魂中培养出既不鄙薄也不恭顺的乐趣，不像西摩尼得斯，他曾对那些指责他贪婪的人说，老了被剥夺掉所有乐趣后，他在晚年仍然受到了

---

① 阿芙洛狄忒（Aphrodite），希腊神话中爱与美的女神，罗马神话中称"维纳斯"，掌管人类爱情、婚姻和生育以至一切动植物的生长繁殖。

一种乐子的滋养，那就是赚钱。但参政能提供最极致的快乐，连神祇在众多乐事中都可能偏爱这一种。这些都是通过完成某事或某种高尚的行为所带来的乐趣。画家尼西亚斯在创作艺术时非常快乐，经常会问仆人，自己洗澡了没，吃过饭了没。当阿基米德全神贯注地写写画画时，他的仆人会强行把他拽走，脱光他的衣服，在他身上涂抹圣水，而他在满身油渍时，仍然继续绘画。[15] 你也认识阿夫洛斯管演奏家肯拿士（Canus），他曾说，人们不会知道他比他们更喜爱自己的音乐。如果他们知道的话，就不会给他钱让他去演奏，而是向他收钱了。从这些例子来看，难道我们看不出，陶冶一个人的美德，让他完成一些高尚的行为，共同做些慈善会产生多么巨大的乐趣吗？难道我们看不出，没有光滑柔软的肉体快感带来的啮咬和堕落，我们是如何体验这些乐趣的吗？因为肉体的乐趣包括狂乱的、不定时的、混合着悸动的呵痒，而基于参政所创造出高尚事业的乐趣会收获地位、目标和快乐，进而提升人们的灵魂。我们不该将这些高尚事业比作欧里庇得斯的金色翅膀，而应该比作柏拉图所描述的天翼。[16]

6. 提醒自己你经常听到的几个例子。有人问伊巴密浓达，什么让他最快乐，他答，父母还在世时，他所赢的留克特拉（Leuctra）战役让他最快乐。当苏拉结束了意大利内战，率先抵达罗马时，他整晚都没睡着，因为像被微风吹拂一样，他的灵魂已经被巨大的喜悦冲昏了。他甚至在评注中写到了自己。现在我承认，如色诺芬所说，没有什么比赞美听了更令人愉悦，也没有什么画面、回忆或思想比你反思自己在高度开放的公共空间（即在任职和从政时）的作为能带来更大的满足感。一种见证了你的行为，伴随赞美而生的仁慈的感激会引导你获得正当的好意，并为你的美德之乐增添一抹光辉。我们绝不能忽视我们的声誉，就算它老了、瘪了，像运动员的王冠一样，我们依然必须为它增添新鲜的养料。因此，我们重燃对昔日作为的感激，让我们的声誉更显赫持久。这么说来，我们就像被派来维护德里安船（the Delian ship）

完好的匠人一样：插入安装新木料，替换磨损的旧木料，保护这艘船不受岁月的侵蚀，永垂不朽。[17]

碰巧，名誉和火的保管都很简单，几乎不需要什么火种，但名誉和火一旦冷却熄灭，就不可能再轻易重燃了。因此，当有人问船主兰皮斯（Lampis）是怎么获得财富时，他答道："大部分赚得很容易，但起初的小部分需要时间和努力。"在政坛上也一样，一开始要获取荣誉和权力总是困难的，但一旦它们增长了，通过一些寻常的举动就能维持和提升。友谊一旦形成，也不需要很多工夫去维护，经常做点小事就能保持朋友们的善意。要维持人民的友谊和信任也不需要你赞助合唱团、出庭或任职，只要你足够热情，不逃避、不放弃你的使命和责任就行。军事行动不仅需要集结军队、战斗和围攻，还包括战役中的聚会、在娱乐和琐事中度过的大量闲暇时间，有时还涉及牺牲。那么，当阅兵、瓜分土地、戏剧、"合唱团、缪斯与阿格拉伊亚"（Choruses and the Muse and Aglaea）[18] 以及始终带给某个神的荣耀，令每个执政厅和议事厅都充满欢乐，更令从政者多次心神愉悦时，为何一定要惧怕参政，好像这是一种不适、劳累的负担一样呢？[19]

7. 不过，嫉妒作为政治生活中最大的罪恶，却很少在年长者中出现。正如赫拉克利特①所说："狗只会冲着不认识的人叫。"嫉妒会抵抗那些在演讲台上开启政治生涯（可以说是敲门砖）的人，不让他们通过。然而，嫉妒却接受享有熟悉而广为人知的声誉的人，当然，这种接受方式是温和的，而不是野蛮或愤怒的。因此，有人把嫉妒比作烟雾，因为尽管在那些刚刚起步的人面前，嫉妒会喷涌而出，原因是他们的事业正在蓬勃发展，但一旦他们的事业迎来全盛，嫉妒就会烟消云散了。一方面，人们会攻击任何形式的优越感，尤其就美德、身世和野心争论不休，好像他们想剥夺自己与他人的任何差异一样。另一方面，漫长岁月所赋予的权威，也即"年龄特权"这个合理的

① 赫拉克利特（Heraclitus，约前540—约前480与前470之间），古希腊哲学家，以弗所学派的创始人。

88

说法，并不被嫉妒，而是被认可了。因为事实上，除了给予长者的荣誉以外，没有其他荣誉令给予的人比领受的人更荣耀。此外，并不是每个人都希望获得财富、口才或智慧带来的权威，但没有哪个从政的人不希望获得老年所带来的尊崇和声誉。这就好比船只的领航员在汹涌的海面和狂风中逆行后，一旦天气晴朗，刮起顺风，[20] 无不想寻找一个安全的锚地；与之相似，从政者在漫长的职业生涯中一直顽强地与嫉妒打海战，一旦嫉妒停止并平息下来，他们就要让风浪远离政治生活，放弃伙伴、俱乐部和所有其他活动了。你的职业生涯越长，你所结交的朋友和同僚就越多。一个音乐导演可以不领导合唱团，但你不能摒弃一切，将其抛在身后。就像老树一样，要把漫长的政治生涯连根拔起并不容易，它的枝干众多，已经和个人的其他事务交错在一起了。抽身而出的人比继续活跃的人要经受更多动荡和撕裂。假如旧时的政治斗争仍然给我们的长者留下嫉妒和好斗的残余，他们必须动用权威来扼杀这一切，而不是毫无防备、手无寸铁地径直转身离开。因为其他人不会因为他们继续奋斗，就出于嫉妒而攻击他们，却会因为他们放弃从政，出于鄙视而攻击他们。

8. 隆冬时节，伊巴密浓达在底比斯人穿过阿卡迪亚（Arcadia）时对他们说的话可以佐证这一点。阿卡迪亚人邀请底比斯士兵进入城市，住在他们的家中，但伊巴密浓达不同意。"现在他们对你们钦佩不已，高看三分，那是因为你们全副武装，练武摔跤。"他说，"但如果他们看见你们坐在火边，吃着豆子，他们会觉得你们并无不同。"因此，当长者们说话、做事、备受尊崇时，都是一派壮丽的奇观，而一旦他们瘫在沙发上，或坐在门廊的角落里虚度时日，[21] 嘴里说着胡话，还不时擦鼻涕，那会令人看不起的。当然，荷马把这一点教给了那些认真听教的人：涅斯托尔远赴特洛伊战争，行为高尚，备受敬仰，而佩琉斯（Peleus）和拉埃尔忒斯（Laertes）[22] 留守家中，则受到轻视和鄙薄。因为思考的习惯并不会青睐忽视自身的人，这种能力被荒废后，会一点一点地稀释、消解。它会一直渴望着思维能得到锻炼，从而唤醒和净化灵魂中的逻辑、实用的部分："派上用场时，它就像美丽的青铜一样闪耀。"[23]

即使政治活动会因为登上演讲台、进入军事指挥部的人年老体弱而进展不顺，其引发的危害也不及长者谨慎和实用的智慧带来的好处多。长者也不会像年轻人一样，时而粉饰过错，时而捏造空名，容易被牵着鼻子走，一头扎进公共事业里，和暴民搅和在一起，掀起海水般的惊涛骇浪。相反，年长的从政者总是从容不迫地应对各种场面。这就是为什么一旦城市陷入危机或恐慌之中，就会渴望长者出面领导。他们往往会把某个身处农场的长者请出来，即便他不要求，也不愿意重返职位，他们也要逼迫他掌舵，稳定局面。同时，他们会把那些能大声吆喝、说话不带喘气儿、稳稳站立并同敌人恶战的将军和公民领袖都推到一边去——我保证！举个例子，雅典公民大会的演讲者们曾提拔卡瑞斯（Chares），提奥卡瑞

91

斯（Theochares）之子，作为提摩西乌斯①和伊菲克拉特的竞争对手，因为他精力充沛，身强力壮。他们认为这样一个强壮的男人配得上雅典的将军职位，但提摩西乌斯却反对道："不，神灵在上！这样的男人连给将军提鞋都不配！真正的将军应该在政治事务上'瞻前顾后'，在决定行动方针时从容自如，不受外物干扰。"因为索福克勒斯说过，他很高兴随着年龄的增长可以逃避性快感，就像逃离了一个野蛮狂暴的"主人"一样。但在政治上，我们绝不能逃避任何一个主人（即对青春或女人的欲望）。很多主人，比如好斗、痴迷荣誉、永争第一，或衍生嫉妒和大量分歧的病态心理，它们都比性快感疯狂得多。年老则会使其中一些欲望松弛和迟钝，使另一些欲望完全熄灭和冷却。与其说年老剥夺了人们行动的冲动，不如说年老将人们与炽热的、不受控制的激情分开，这样他们就可以运用自己的思想进行清醒而稳定的

---

① 提摩西乌斯（Timotheus，？—前354），古希腊政治家。公元前378年，他在雅典联合底比斯共同抗击斯巴达中发挥过重要作用。

推理。

　　9. 即便如此，当你和一个白发苍苍，却像年轻人一样趾高气扬的老人说话，或呵斥一个因康复期长困家中，正要当上将军或负责其他公职的老人时，下列警示也许可以被看作是劝阻——也希望它的确是劝阻——"在床上好好躺着，可怜的家伙。"[24] 但如果你要阻止那些终生奉献于政治的人继续奋战到生命的尽头，要召回他们，命令他们在经历这么一段漫长的旅程后改变人生轨道，那么这句警示是完全错误且无情的。如果一个老人准备结婚，都戴上结婚冠、喷上香水了，还有人出来劝阻他，说出那条送给菲罗克忒忒斯（Philoctetes）的建议——"谁会做你的新娘？哪个年轻的女人愿意嫁给你？你这个糟老头子，真是出的一手好招！"——这就不算逾越。因为老人也会这么打趣自己，比如"我很清楚，我是一个老人，但我还是要结婚，这也是为了邻居们好呀"。[25] 但是，如果一个男人多年以来都心满意足地过着自己的家庭生活，有人却觉得他应该把年老的妻子送走，选择独居或将合法原配换成情人，那么这个人不知道什么是反常。因此，劝诫诸如农民克利敦（Chlidon）、船主兰蓬、年老后首次出现在公民大会上的花园哲学家等等平民，[26] 将他们限制在自己日常的非政治生活中是合理的。但如果你抓住一个类似福基翁、加图、伯里克利这样的政治家，装出一副不公正的虚伪面孔，对他们造成伤害，说："噢，雅典或罗马的朋友，现在你可以在自己的葬礼上用枯萎的晚年装点自己的脑袋了，离政治远远的，别再想着演讲台和军事指挥部啦！回你的家乡去，给农活打打下手，或者余生就盘算着家用和预算罢！"

10."等等，"有人可能会说，"我们是不是看过一个喜剧里的士兵唱道，'我的白发准许我退伍'？"当然，我的朋友。因为精力充沛的年轻人才能为阿瑞斯效劳，因为他们要参与"战争，以及战争的毁灭性行为"。[27] 在这种情况下，一顶头盔可能可以遮掩老人的白发，"但他的四肢会突然疲软"[28]，已经有心无力了。但我们为议事会、市集或城市里的宙斯挑选公仆，并不要求他四肢有力，而是要求他有谋略、远见和口才。这种口才不是那种在人民中间制造骚动或仅仅是喧哗的口才，而是能引发理智判断、带来稳定的口才。在这类行为的情境下，备受嘲笑的白发和皱纹似乎是经验的见证者，它们相互印证，让一个人变得有说服力，并赋予了他人格上的声誉。因为服从是年轻人的事，老人就该领导。"当长者的劝告和年轻人的长矛享有最高的声望时"，一座城市就最安全。"先请那个由心高志大的长老们组成的议事团坐在涅斯托尔的船只边"[29]，这种诗句尤其让人钦佩。由此，来库古公开把与斯巴达国王有关的贵族阶级唤作"老人"，皮提亚人阿波罗则用"先生者"来称呼他们，时至今日，罗马议事会还叫"元老院"。[30] 就像法律将王冠置于领导者的头顶一样，大自然将白发作为领导者地位的光荣象征。我认为，"geras"（荣誉的馈赠）和"geraiein"（给予荣誉的馈赠）之所以能维持词语本身的高贵，是因为它们都衍生自"gerontes"（老人）一词。它们不是因为长者洗热水澡，睡在软绵绵的床榻上而高贵，而是因为长者受益于自己实用的智慧，在城市里拥有国王一样的声名[31]而高贵。大自然只允许人在年老时拥有这种完美的智慧，就像植物在晚期结出的果实一样。因此，当诸王之王[32]向众神祈祷，"我希望我能有十个像涅斯托尔一样的亚加亚人顾问"，没有哪个"好战"且"强势"的亚加亚人会出面反驳。他们也同意，不仅在政坛上，而且在战场上年长者也有巨大的影响力。"因为一个明智的计划就能战胜许多人。"[33]一个基于理性和说服力的计划可以完成最崇高伟大的公共事业。

11. 如今即使在君主制下，这是最完美、最伟大的政体，也需要极大的关注、辛劳和公职权力。例如，据说塞琉古①多次说过，如果人民知道自己光是读信、写信要花多少心血，他们会连捡起国王扔到一旁的王冠都嫌费事。我们听说腓力二世要在一个好地儿扎营，却发现那里没有地方放养驮畜，他喊

①　塞琉古(Seleucus)，希腊化时代的塞琉古王国的国王。

道："噢，赫拉克勒斯，如果我必须为了我的驴子活着，那么我过的都是些什么日子呀！"不过，当一个国王老迈到摘下王冠，脱下紫色的长袍，换上寻常的衣服和弯曲的拐杖的程度，你去规劝他到乡下安享晚年，不让别人看见他满头银发却仍从政的举止怪异的样子，这样的时机是对的。但要对阿戈西劳、努玛[①]、大流士[②]说这些，把梭伦逼出战神山议事会，或因老加图年迈而把他从元老院里驱逐出来，就不合适了，[34] 更不能建议伯里克利放弃他的民主制度。因为谁要认为年轻时我们就该跳上演讲台，将雄心壮志和满腔冲动倾注在公共事务上，而一旦岁月带着经验积累的智慧降临到我们的身上，我们反倒应该放弃政治，就像一个人觉得他从婚姻中再无所得就想要离婚一样，这是毫无道理的。[35]

---

① 努玛（Numa，前716—前674），罗马的第二位国王，确立了国家祭礼，给罗马人以信仰。

② 大流士，疑指大流士一世（Darius，约前558—前486），波斯帝国国王，统治时期为阿契美尼德王朝最盛时。

12. 伊索的狐狸不让刺猬捉走它身上的虱子。"捉走了又如何，"它说，"其他饥饿的生物很快就会代替它。"那么，不可避免，不断排挤长者的政治体系必然挤满了渴求荣誉和权力却缺乏政治意识的年轻人。参政时，他们既不观察长者，也不向长者学习，怎么可能会培养出政治意识呢？光是看驾驶船只的书没用，要经常站在船尾，观察暴风雨之夜跟风浪的搏斗才能教出船长来。"当想成为廷达瑞俄斯（Tyndareus）儿子的欲望击中海面上的水手"[36]，一个年轻人仅仅读了一本书，写了一篇关于学校制度的文章，从不站在缰绳和舵旁指挥左右，参政时也不分享公民领袖和将军的经验与好运，吸取危险事务的教训，又怎么能成功地管理一座城市，说服公民大会或元老院呢？当然不能。但是，如果没有其他原因，长者应该为了教导和训练年轻人而参政，就像文学、音乐老师，通过演奏和大声朗诵来引导学生。从政者也一样，不仅应该作为一个旁观者来演讲，也应该通过直接参与、指挥公共事务来指导年轻人，他们的思想被行动和言语共同塑造。以这种方式训练的人，不是在安逸的学校里，也不是在优雅教师们的摔跤场上，而是像在现实的奥林匹亚和皮提亚运动会上一样——"正如刚断奶的小马驹拼命追赶着骏马"，西摩尼得斯说。这就像阿里斯提德斯追逐克里斯提尼，西蒙追逐阿里斯提德斯，福基翁追逐卡布里亚斯，老加图追逐法比尤斯·马克西姆，庞培追逐苏拉，波利比乌斯追逐菲洛皮门。年轻的时候，这些人就誓要追随他们的长者。在某种意义上，他们在自己长者的政治功绩中茁壮成长，因此获得了公共事务上的经验和历练，还有荣誉和权力。

13. 想想学园派哲学家埃斯基涅斯[①]，他在某些诡辩家指控他假扮卡涅阿德斯（Carneades）的学生时反驳道："我听卡涅阿德斯的课时，由于年迈，他的演讲方式已经放弃了刺耳的咆哮和嘈杂，专注于实用性和公众利益上了。"长者的政治活动，无论是行为还是

----

① 埃斯基涅斯（Aeschines，前389—前314），希腊著名政治家、雅典十大演说家之一。

说话方式，都摆脱了炫耀和追求荣誉的欲望。正如人们所说的鸢尾花，花期过了，那种腐臭肮脏的味道反而消失了，取而代之的是甜蜜的芬芳。因此，没有哪个长者的建议是混乱的，它们都是有分量、有根据的。所以像我说的，老人必须为了年轻人参政。柏拉图讨论过酒精混水的问题（也即，受到清醒的神祇的惩罚时，暴怒的神祇也会清醒过来），[37] 当老人的谨小慎微混入了年轻人公开沸腾的、对荣誉的狂热追求中，就会带走年轻人的疯狂，填补年轻人极度缺乏的自制力。

14. 再者，认为从政就如简单的航海或军事行动的观念是错误的，那就好像我们从政是为了达到某种外部目标，目标一旦实现就立刻收手。政治可不是一种有着功能目标的公共服务。更确切地说，这是一种被驯服的、政治性和社会性极强的动物的生活方式 [38]，这种动物的本性决定了它的一生必须与同胞们互动，追求真善美，关心人类福祉。因此，我们应该持续从政，而不是一段时间从政而已，就像我们应该一直说真话，而不能只说一次真话；我们应该一直诚实行事，而不是诚实行事过了就行；我们应该一直爱国家、爱同胞，而不仅仅是爱过就好了。大自然在引导我们向着这个方向前进，对于那些没有被懒惰和道德弱点彻底摧毁的人，它用这样的声音劝说着："你的父亲养你养得好，你的出现不负苍生"，"让我们永远善待苍生"。

15. 现在那些以身体虚弱为借口的人，其实是在挑疾病和残疾的毛病，与年老无关。因为许多年轻人病了，而许多老年人却精神抖擞，所以我们不应该排斥老年人，而应该排斥虚弱者；我们应该鼓励的不是年轻人，而是有能力的人。事实上，阿里达乌斯还年轻，安提柯已经老了，但安提柯掌控了几乎整个亚洲，而阿里达乌斯虽然顶着国王的角色和头衔，却像戏剧里沉默的保镖一样，被那些实际掌权的人伤害。有人愚蠢地认为诡辩家普罗迪库斯①或诗人菲列塔斯②都应该参政：他们确实年轻，但太虚弱多病，大部

---

① 普罗迪库斯（Prodicus），公元前5世纪古希腊诡辩学家。
② 菲列塔斯（Philetas，前330—前270），古希腊诗派的创始人。

分时间都卧病在床。也有人愚蠢地阻止福基翁、利比亚的马西尼萨（Masinissa）、罗马的老加图等人担任公职或指挥军队。当雅典人准备动员起来，不合时宜地发动战争时，福基翁召集了所有年过六十的老者拿起武器追随他。当他们为此不安时，福基翁说："别担心，本将陪你们上战场，本将八十岁了！"[39] 波利比乌斯在自己的史册上记载，马西尼萨离世时九十岁，留下四岁的亲生儿子。他去世前不久赢得了一场对抗迦太基人的大战，次日就有人看见他在帐篷前吃着一块脏兮兮的面包。他对那些好奇的人解释道，他是在维持习惯。"一间房子，有人使用时，就像美丽的青铜一样闪闪发亮，而荒废后，就会随着时间倒塌。"索福克勒斯说。放到灵魂的光辉上，也是这个理儿，我们记忆、推理，于是明智。

16. 这就是为什么我们说比起闲逸的生活，国王在战争和行动的磨炼中会更优秀。攸美尼斯（Eumenes）的弟弟阿塔罗斯（Attalus）轻易就被他的同伴菲洛皮门哄住，养得白白胖胖的，因为他长期过着安逸的生活，完全磨没了斗志，后来甚至罗马人都开玩笑地问每个乘船驶离亚洲的人，国王还管不管得住他属下的菲洛皮门。[40]卢库卢斯言行合一，很难再找到比他更明智的罗马将军。但他却放纵自己过上闲散的生活，整日待在家中无所事事，这让他就像平静大海中的一块海绵一样，渐渐地失去了生命力。他的晚年基本交由一个叫卡利斯提尼斯（Callisthenes）的黑人自由民[41]来照顾。卡利斯提尼斯似乎用药水和符咒给他下药，直到他的哥哥马库斯（Marcus）把这个黑人自由民赶走，自己承担起照料和管理卢库卢斯余生的责任，但实际上，他也活不了多久了。薛西斯①的父亲大流士曾说，在面临危险时，他会比原本更聪明，而斯基泰国王阿提亚斯（Ateas）说他觉得自己懒散时，和料理他马匹的马夫别无不同。当有人问长者狄奥尼修斯他是否会有闲暇时间时，他答道："我宁愿我永远不会有！"因为正如大家所说，弓一

① 薛西斯（Xerxes，约前519—前465），即薛西斯一世，亦译"泽尔士一世"，波斯帝国国王（前486—前465），大流士一世之子。

抻就断了，灵魂一松就散了。当音乐家不再欣赏作曲，几何学家不再思考如何解决问题，数学家不再继续计算，随着他们变老并停止练习，他们通过习惯所获得的技能就会退化，即使他们从事的是沉思的艺术而不是政治。但从政者们通过习惯所获得的技能却能带来好的建议、智慧、正义和经验，使他们能够选择适当的时机和言辞，而这些又反过来，使他们更具说服力。这些技能要通过不断地演讲、行动、推理和对某些事情作出判断来维持，假如一个人放弃了这些活动，让数不清的重要美德从灵魂中溜走，那将是一件可怕的事。事实上，尽管一个人对他人的关爱、集体观念和善意理当没有穷尽，实则很容易消散。

17. 提托诺斯（Tithonus）长生不死，却因年纪增长，始终需要精心照料。[42] 如果他是你的父亲，我不觉得你会因为你已经照顾他很久了，而决定离开他，拒绝帮助他、照顾他。而你的父国（或如克里特人所说，母国）比你的父母更古老，权利更多，虽然它可能很长寿，却也不是青春永驻或是自给自足。

相反，它总是需要关注、关爱和帮助，因此它不断地吸引、把握住从政者，"在他匆匆走过时拽住他的斗篷，把他拉回来" [43]。你知道我一直信奉皮提亚神祇 [44]，坚持了很多个皮提亚仪式，但你不会对我说："你牺牲了很多，也见过了很多繁华，普鲁塔克。现在你老了，是时候放下桂冠，以年纪为由，把神谕放到一边了。"当然，作为你的城市宗教仪式的祭司和解读者，你也不会认为你应该放弃这些你很久以前就已在维护的城市和市集之神的荣誉。

年长从政者的角色

18. 但是，既然我们已经讨论过了，不该将长者排除于政治之外，如果你愿意，让我们再思考思考，如何避免给长者分配任何不当或繁重的职责。事实上，政治有许多方面都挺适合长者的。人的声音拥有许多音调和模式，音乐家们称之为和声。假如我们老了，也还能继续歌唱，那么，我们不该试图发出刺耳的高音，相反，我们可以尝试唱出那些适合我们特点的音符。同理，人们直至大限之前，都应该保持活跃，继续演讲，这比天鹅歌唱更自然。我们不该如同闲置一把高音竖琴一样 [45]，抛掉活跃的政治生活，而必须放缓我们的行动，使之适应轻松有度的政治行为，与其他长者吟唱和声。即使我们再也不能像年轻时一样，挥铲子、负重跳高、掷铁饼和持械战斗，我们也不能久坐，完全不锻炼，让自己的身体彻底懈怠下去。我们可以适度地运动、散步，有些人会用球做点训练，参与交谈，深呼吸，重燃自己身体的热量。

因此，让我们不要无所作为，变得僵硬和冷漠。但同时，我们又不能对各项职务过分关注，每一个政治活动都参与，强迫自己在这样的年龄证明自己并非无能，以至于说："噢，我的右手，你有多想握住长矛，但你太弱了，这只能是妄想。" [46] 我们甚至不会赞美那些在全盛时期承担几乎所有公众事务，不愿向任何人屈服的人。他们这样就是斯多葛派人（the Stoics）所说的宙斯的行为：他们非要闯入、干涉每一件事，因为他们对荣誉有着贪得无厌的欲望，对同样在城中享有荣誉和权力的人充满嫉妒。而对长者来说，即便不考虑这种态度带来的坏名声，在每次选举中重申自己对职务的热爱，抓住每次出庭或出席议事会的机会指手画脚，在每次出使和监护的任务上追求荣誉，这些举动也都会令人厌烦和痛苦。因为即使出于善意，在老年做出这些事情也是专横跋扈的，会适得其反。年轻人讨厌这种老人，因为他们不给年轻人任何行动的机会，也不让他们有任何公众曝光度。此外，同胞们鄙薄永争第一和霸占职务的老人，丝毫不亚于他们鄙薄热衷钱财和享乐的其他老人。

19. 布塞弗勒斯[①]老了，亚历山大不再想给他的爱马施加任何压力，于是，他常常在出战前骑着其他的马来检阅和部署他的部队。但是，一旦他发出迎战的信号，他就会骑上布塞弗勒斯，冒着一切危险冲向敌军，发起攻击。同样，明智的从政者们在年老时，也会把控自己，远离不必要的事务，允许城市在小事上

---

① 布塞弗勒斯(Bucephalus)，是亚历山大大帝的爱马。

差遣壮年人，但在重大事务上仍然进行激烈的竞争。运动员们不会让自己去干那些必要的苦活，而是保留了强壮的身体做些没有实际意义的琐事；相反，我们长者会忽视寻常的小事，只会留意值得关注的重大问题。也许，正如荷马所说，"年轻人做什么都可以"。[47] 人们也欢迎和喜爱这样的人，把处理许多琐事的人称作"民主的"和"辛勤的"，把做出光荣壮举的人称为"尊贵的"和"高尚的"。在有些场合，年轻人甚至需要表现出适度的好斗和鲁莽，为他们增添一定的魅力。但老人还要恭顺地完成许多政治职责，比如把合同授予收税员，监督港口和市集，被派往海外执行一些不必要的、缺乏尊严的、阿谀奉承的出使任务。朋友啊，这些人在我看来十分可怜，没有吸引力。也许在别人眼中，他们也是无聊乏味的。

20. 老年并不是任命某人担任公职的适当时机，除了那些已经获得一定地位和荣誉的职位，比如你现在在雅典行使的战神山议事会的权力，当然，还有你的城市赋予你的饱含"可以忍受的甜蜜折磨"的邻邦同盟议事会终身议员资格。[48] 但我们长者甚至也不应该追求这些荣誉。相反，我们在任职的同时，应该尽量避免接触这些荣誉。我们不该对此汲汲营营，反而应该设法脱身，个中原则是，我们不是要为了自己而担任领导者，而是要奉献出自己成为领导者。与提比略·恺撒（Tiberius Caesar）常说的相反，年逾六十去找医生并无可耻之处，但在公民大会中极力要求人们投票就是可耻的、不光彩的。但当方法反过来，就具备了一定的尊严和礼节。如果你的城市选了你，召唤你，等着你，你心怀崇敬和仁爱欣然接受它们给予的光荣使命，[49] 这就是光荣的、广受敬仰的。

21. 在某些方面，这个原则也适用于在公民大会上演讲的长者。他们不应该总是跳上演讲台，像只公鸡一样啼叫着回应其他演讲者，也不应该通过战斗和挑衅来抛弃年轻人的尊重，或者灌输他们反抗和无视长辈的习惯。相反，他们应该时不时允许别人挺身而

109

出，展示他们自己的精神，从而提高声誉。有时，他们应该置身事外，不要插手，除了当城市的安全或正义的一方陷入了极大危险中。在这种情况下，即便无人召唤，长者也应该挺身而出，担任向导的角色，即使被扛在担架上，也要克服自己的虚弱，就像历史学家记录的阿庇乌斯·克劳狄乌斯（Appius Claudius）在罗马的举动一样。皮洛士①在战争中大败罗马后，阿庇乌斯听说元老院在商议签署和平条约的事，这让他无法忍受。尽管一只眼睛瞎了，他还是让人抬着他，穿过讲坛，来到了元老院。当他站在众议员中时，他说之前他因失去一只眼睛而苦恼，但现在他希望不要再听到议员们审议和执行这些可耻的计划了。他就这样直面罗马人，指引他们，催促他们，说服他们，为了意大利直接拿起武器，回击皮洛士。再举个

① 皮洛士（Pyrrhus，前318—前272），古希腊伊庇鲁斯国王（前307—前303，前297—前272）。醉心于亚历山大大帝的功业，企图在地中海地区建一大国。公元前280年率军抵达南意大利与罗马交战，获得胜利。后去西西里，转战3年无果；返回意大利，前275年败于罗马。

梭伦的例子，当庇西特拉图①的蛊惑已经公开成为实现僭政的手段，却无人敢抗议或阻挠时，梭伦亲自拿出自己的武器，放到他家门口，呼吁公民采取行动。当庇西特拉图派使者去问他，是什么给了他自信采取这一立场，梭伦答道："我年纪大。"

22. 只要长者们一息尚存，这种紧急的情况也会让他们身上已经熄灭了的火熊熊燃烧起来。我之前说过，在其他情况下，如果一项职责既麻烦又低三下四，需要付出巨大的努力却不能带给人民相应的回报，那么，长者拒绝这种职务是合理的。在某些情况下，如果长者等着同胞召唤他们，期待他们，去家里接他们，他们也会以更值得信赖的表现回报需要自己的人。即使他们就在现场，在大多数情况下，他们依然保持沉默，留给年轻人发言，仿佛是政治野心博弈中的法官似的。当其他人表现得太过分了，年长的从

---

① 庇西特拉图（Pisitratus，约前600—前527），亦译珀西斯特剌图斯，古希腊雅典僭主，"山地派"首领。约公元前560年以武力夺取政权，统治期间两度被放逐。

政者会温和地与他们对抗，并以善意的态度，开解他们的争吵、诽谤和愤怒。长者说起话来，不会挑毛病，很有安抚性。他们会指导那些判断错误的人，毫不吝惜地赞美那些办事妥帖的、甘愿输掉政治竞争的人。长者通常不会过分劝说，过分出头，这样别人才能成长起来，获得自信。而且长者会提供有益的建议来弥补一些人的不足，就像涅斯托尔所说："全体亚加亚人没有谁会轻视或反驳你的意见，但你没有给出解决问题的方案。其实你还年轻，论年龄你甚至可做我儿子。"[50]

23. 但长者比这圆通多了，他们会公开地指责其他从政者，而不会用贬低性的尖刻言论；更常见的是，他们会私下指导那些具有政治天赋的人，并善意地给出有效的言论和公共政策建议。因此，正如马术教练训导马匹一样，在年轻的从政者首次爬上马鞍时，长者可以帮助他们提高道德，启蒙智慧，让他们变得可控和温和。当年轻的从政者不小心失足时，长者不会放任他们丧气下去，而是扶起他们，鼓励他们，就像阿里斯提德斯对西蒙、尼西菲卢斯（Mnesiphilus）对地米斯托克利做的那样。当城市轻视和侮辱那些在政治生涯初期鲁莽而缺乏自制力的人时，阿里斯提德斯和尼西菲卢斯把他们扶起来，给予他们勇气。据说当德摩斯梯尼遭到公民大会的拒绝，难以接受这一事实时，一位听过伯里克利在公民大会上演讲的那一辈迟暮老人走近他，告诉他，他和伯里克利很像，不必过分苛责自己。同样，当提摩西乌斯 [51] 因独创性而遭到嘲讽违反音乐标准时，欧里庇得斯鼓励他振作起来，说他很快就能在剧院称雄了。

24. 在罗马，维斯塔贞女①的服务分为三个阶段：训练期、展现仪式期和教学期。同样，在以弗所②的阿耳忒弥斯神庙③的每一个侍从都必须经过"见习祭司""祭司"和"退休祭司"三个阶段。职业生涯如

—————————

① 维斯塔贞女(Vestal Virgins)，古罗马神话中的灶神或家室女神维斯塔的女祭司。

② 以弗所(Ephesus)，亦译爱菲斯，小亚细亚西岸的古希腊城邦。

③ 阿耳忒弥斯，古希腊神话中的狩猎女神，与阿波罗为孪生兄妹，掌管狩猎，照顾妇女分娩，保护少年男女。

此充实的从政者们遵循着同样的轨迹，早年学习，后被领进政坛，晚年则教育和引导他人。那些在运动会上监督运动员的人自己不能参加比赛，而那些训练年轻人参与公共事务和公民竞赛，使他们在自己的城市里"既当演说家又做实干者"[52]的人，在政坛上无不举足轻重。实际上，这一类人推动了来库古首先重点关注的问题：让年轻人惯于服从长者，仿佛他们是立法者一样。[53] 来山得说，斯巴达的老人是最光荣的。他在想什么？难道是斯巴达的老人最容易无所事事和借钱，或坐在一起玩骰子，或早早地聚在一起喝酒？当然不是。他这样说，是因为那里所有的长者，实际上都是公民领袖、议事会成员或教师，他们不仅监督公共事务，而且不断地仔细研究年轻人的培训、教育及日常生活规则等一切相关事情。这种责任让长者们在走岔路的人眼中十分可怕，在做好事的人眼中则值得尊敬和爱戴。因为年轻人总服侍自己的长者，寻求他们的帮助，长者也能在不惹人嫉妒的情况下，增强并促进年轻人的端庄稳重和高贵品质。

25. 嫉妒这种情绪不适合生命的任何阶段。然而，它在年轻人之间却拥有许多积极的名字，"竞争力""热情""壮志"。若放在老人身上，它则是彻头彻尾的无理、野蛮和可耻。因此，早已不再感受到嫉妒的年长从政者们，绝不能像恶毒的老树一样，妨碍和阻止年轻从政者的盛开和成长，他们正在自己的身旁或树荫下生长和开花。年长的从政者必须友好地接纳他们，为那些求助人脉的人提供帮助，指正他们，引导他们，扶持他们成长；当然，不仅仅要领导，要给出好建议，还要让他们履行能带来荣誉和声名的公共职责，或者完成某些对人民无害，但实际上能让人民满意，并赢得他们感激之情的任务。但是，对于那些激起反抗和祸事的公共职责，就像刚服下会疼痛但后来又有益的药物一样，长者必须引导年轻人远离这些职责，避免他们陷入公众的怨愤中，因为他们远远没有准备好面对这些不公正对待从政者的暴民。恰是长者本身必须忍受与民为善时随之而来的敌意，因为年轻人会因为长者的榜样而对余生的政治服务更感兴趣，更渴望。

26. 除了上述所有，我们必须说明，参政不只是担任职务、带领使团、在公民大会上大呼小叫、演讲或制定法律时在演讲台上咆哮。大多数人以为这些就是政治的总和，他们毫不怀疑地将践行哲学看作椅子上的对话和书本上的照本宣科。如此，这些在日常行为中观察得到的，可以持续践行的政治和哲学，也就与这些人无缘了。他们声称，那些在门廊里来回走动的人是"逍遥的"[54]，就像狄西阿库斯①描述的那样，而那些走着去农村或朋友家的人不算。但践行政治就像践行哲学一样。举个例子，苏格拉底并没有安坐在老师的椅子上，给他的学生安排桌子，也没有提前安排跟学生一起上课和散步的时间。他不是这样做，他践行哲学的方式是，（一有机会就）四处打趣，喝酒，参与军事行动，和一些学生在市集闲逛，即便被捕和饮下毒酒之时仍在践行。他首次证明了我们生

---

① 狄西阿库斯（Dicaearchus，约前375—前300），古希腊逍遥学派哲学家，亚里士多德的学生。

活中的方方面面、时时刻刻都充满了哲学，每一种情感的体验、每一种活动的参与都体现了这一点。

因此，我们也必须这样看待政治生活。愚蠢的人从政，不是去当将军、官员或人民领袖，而是怂恿暴民、发表公开演讲、煽动纷争，或纯粹出于义务履行公务；相反，那些有慈善心、公民意识、政治意识，致力于城市发展、关心社会的人，总是通过提拔当权者、指引亟需引导的人、支持深谋远虑者、纠正造成伤害的人、强化理智的人来践行政治。很明显，这些参政的人不把政治看作副业，他们因手头有要事处理或受召而去剧院 [55] 和议事厅时，并不是去出出风头而已；他们出席会议，也不是像去参加演出和搞演讲一样为了娱乐；就算他们本人不在场，他们也会通过思考手头的事务，询问发生的事情，决定该采取什么行动，对他人表达自己的不满来践行政治。

27. 雅典的阿里斯提德斯和罗马的老加图没有多次成功任职，但他们确实把一辈子都奉献给了自己的城市。伊巴密浓达作为将军，拥有许多伟大的功绩，但同样值得纪念的是他在色萨利（Thessaly）既不是将军，也不是民选领导者时所做出的成就。当真正的将军们迫于敌人的步步紧逼和投掷武器，使军队陷入困境和混乱时，他们从部队中召回了伊巴密浓达。他首先给士兵们鼓舞打气，让他们不再慌张和害怕，随后重新安排已经错乱的战斗队形，轻而易举地部署妥当，威震敌军，最后敌军灰溜溜地掉头逃了。斯巴达国王亚基斯（Agis）率领并部署好军队，准备去阿卡迪亚迎战时，一个年长的斯巴达公民大喊着，说他这是用一种邪恶对抗另一种邪恶。这位老者告诉国王亚基斯，他现在这种狂热是不合时宜的，他只是希望能弥补自己从阿尔戈斯撤退的罪责。亚基斯听从并遵守了老者的建议，撤回了军队。[56] 每天监察官们都会在执政厅的门口附近给门尼克拉底（Menecrates）留一张椅子。他们会走近他，就大多数重要事务问他问题，寻求他的建议，因为无论何时，只要去咨询他，他都能做出明智的解答。但后来门尼克拉底几乎完全丧失体力，大部分时间都卧病在床。监察官们传召他去市集，他挣扎着起来，想要行走，但非常艰难才能迈出哪怕一步。在去执政厅的路上，他遇见了几个年轻的男孩，便问他们，知不知道什么比服从主人更需要服从，他们答道："没有服从的能力。"门尼克拉底断定，他的有效服务已经达到了极限，便转身回家了。因此，我们若有能力服从，就不该放弃服从的意愿，但若我们服从的意愿已经超出了自己的能力，便不必再强迫自己。事实上，西庇阿·埃米利安努斯在竞选和执政期间都聘请盖尤斯·莱利乌斯作为自己的顾问，甚至有人声称西庇阿是一个演员，而莱利乌斯撰写了他的剧本。西塞罗自己也承认，他在担任执政官期间，向元老院提出的最好最伟大的建议，都是与哲学家普布利乌斯·尼吉底乌斯（Publius Nigidius）合议提出的。

28. 因此，没有什么能阻止长者通过多种形式的政治活动，凭借如诗人所说的演讲、判断力、坦率和"头脑智慧"等天赋造福公众。因为我们的城市不仅需要我们付出体力，更重要的是，它还需要我们奉献出灵魂和我们灵魂所包含的美德，即正义、自制力和实践的智慧。这些品质发展得很晚、很慢。如果说它们有利于我们购置房产、田地或其他财产，可以不再因为年老而去效忠国家和同胞，这是不合理的。因为年老虽然会剥夺我们服务的能力，但也会更多地增强我们领导和践行政治的能力。

英文版注释

[1] 也就是说，人们找借口避免竞争。

[2] 在一种类似于跳棋的古老棋类游戏中，有一组被看作是神圣的、只能最后移动的棋子。因此"神圣的一步"意味着最后的举动，这在普鲁塔克时代是众所周知的。

[3] 正如普鲁塔克对灵魂的构想一样，务实和神圣的元素比情感和身体冲动更有益，可以带领人们过上一种开明的生活方式，但也更难开发和保存下来。

[4] 修昔底德在《伯罗奔尼撒战争史》（2.35—46）中记载了伯里克利在战争爆发一年后为纪念阵亡的雅典士兵而发表的演说，其中包括这里引用的论述。

[5] 出自欧里庇得斯的戏剧《腓尼基妇人》（1688）。安提戈涅的父亲俄狄浦斯蒙蔽了自我，沦为了一个无权无势的领导者，她问了他这个问题。俄狄浦斯回答说："他已经被毁

灭了。"

[6] 此处普鲁塔克指的是通过政治训练不断学习，这是他在
　　　下文及《如何做一个好领导者》中全面阐述的主题。

[7] 亚西比德和毕特阿斯是雅典的政治家，以年纪轻轻就活
　　　跃于政坛并富有影响力而闻名。

[8] 即针对斯巴达的伯罗奔尼撒战争。

[9] 这段话出自色诺芬对斯巴达国王的颂词（《阿戈西劳传》
　　　11.15）。

[10]《俄狄浦斯在科洛诺斯》668—673。索福克勒斯临终前写
　　　了这出戏，死后由其孙子导演。

[11] 普鲁塔克继续比较演员和从政者两种角色，前者的竞争
　　　对象是宗教节日里的表演，后者的竞争对象是公众服务。
　　　公共生活中含有宗教因素，因而普鲁塔克认为从政者们
　　　的工作是神圣的。

[12]"巴拉洛斯"号是雅典人用于公务的国有舰船。德摩斯梯
　　　尼针对政敌梅迪亚斯在节日上袭击他一事写了一篇演讲。

[13] 作为对违法谋杀的惩罚，宙斯判处赫拉克勒斯为吕底亚
　　　女王翁法勒做一年的奴隶。在普鲁塔克此处的描述中，
　　　她的宫廷生活是奢华而温柔的，与赫拉克勒斯执行12项
　　　任务时所过的专注而艰苦的生活形成鲜明对比。赫拉克
　　　勒斯的任务之一是杀死尼米亚猛狮，为示胜利，他后来
　　　披上了狮子皮。阿夫洛斯管是一种古老的管乐器，常被
　　　比作双簧管，也是温柔的象征：雅典人认为它的乐声会

松弛人们的自制力，因此，柏拉图禁止理想国中出现阿
夫洛斯管。

[14] 普鲁塔克这里指的是，人类的灵魂栖居于肉体中后，对
食物、饮料和性（即阿芙洛狄忒）产生的三种基本欲望。
他经常将这些欲望与理性进行对比，受过哲学训练的理
性的人是能够控制它们的。

[15] 希腊人会在身体上抹油，再刮干净，这是一种洗澡的
方法。

[16] 在《斐德若篇》246b，为比喻人类灵魂，柏拉图介绍了
一位驭使两匹飞马的御车人。在自己的一部已失传的喜
剧中，欧里庇得斯提及，某个角色的背上长着金色的
翅膀。

[17] 普鲁塔克指的是，神话中的雅典国王忒修斯航行到克里
特岛，杀死弥诺陶洛斯时驾驭的船。据说雅典人曾驾驶
着它进行神圣的航行，抵达提洛岛，并不断更换腐烂的
木材，将其保存到公元前4世纪。"忒修斯之船"已经成
为一个关于身份的哲学问题：在船不再是那艘属于忒修
斯的船之前，有多少木材需要替换？

[18] 普鲁塔克引自品达的一首诗。阿格拉伊亚是美惠三女神
之一。

[19] 这里所列的都是公民领袖须履行的职责。

[20] 也就是说，一旦驶过汹涌的海面，便不再需要平静的海
面了。

[21] 就像在现代咖啡店一样的公共场所里。

[22] 两人分别为阿喀琉斯和奥德修斯的父亲。

[23] 普鲁塔克引自索福克勒斯的一部失传的戏剧。

[24] 欧里庇得斯《俄瑞斯忒斯》258。

[25] 这个笑话意指，独居的老人需要仰仗邻居的帮助，所以他结婚的话，就能减轻他们的负担。但也有可能是说，老人结婚会成为邻居的笑料。

[26] 即伊壁鸠鲁派（享乐主义者）。普鲁塔克的文章批评伊壁鸠鲁主义，包括他所称的伊壁鸠鲁主义的"非政治生活"。

[27] 荷马《伊利亚特》8.453。

[28] 荷马《伊利亚特》19.165。

[29] 荷马《伊利亚特》2.53。

[30] 普鲁塔克实际上写的是gerousia（长老会议），或"council of old men"，对应的希腊语相当于拉丁语senatus（元老院），来源于单词senex或"old man"。

[31] 一项geras（荣誉的馈赠）通常都是国王赋予的。

[32] 即阿伽门农，特洛伊城希腊人的领导者。下面的引文出自荷马《伊利亚特》2.372。

[33] 出自欧里庇得斯失传的戏剧《安提奥普》。

[34] 这些人都以职业生涯漫长而闻名。

[35] 此处，普鲁塔克批评的是那些为了嫁妆或子嗣而结婚的男人，他们一旦达到目的，就会解除婚姻。

[36] 廷达瑞俄斯的儿子是卡斯托尔（Castor）和波利丢刻斯
[Polydeuces，或波吕克斯（Pollux）]，两者即俗称的狄俄
斯库里（Diosuri，双子神）。人们认为他们存在于放电产
生的亮光之中，会在雷暴期间现身于船舶的索具上。人
们也将其称作圣埃尔摩火。对于古人来说，这种闪光象
征着神圣的守护和恶劣天气的终结。

[37] 暴怒的神祇即酒神狄俄尼索斯；清醒的神祇即海神波塞
冬，此处他是水神。

[38] 亚里士多德的政治论点中有一句名言：人天生就是政治
动物（《政治学》1253a）。

[39] 普鲁塔克在他的《福基翁的一生》(24) 中讲述了这一逸
事，并评论道，一位八十岁的将军领导着六十岁的老人
参战，把雅典人战斗的热情都给冷却了。普鲁塔克的观
点是，年长的福基翁仍然掌握将军之权，领导整座城市，
靠的是智慧而不是体力。

[40] 阿塔罗斯二世是小亚细亚的帕加马王国的国王。这里提
到的菲洛皮门是他麾下的一个宫廷官员，而不是普鲁塔
克在本文其他地方引用的那位希腊将军。

[41] 在罗马，黑人自由民曾为奴隶，但在获得自由后，他们
仍然继续效忠于主人。

[42] 提托诺斯是希腊神话中的一个人物。他拥有长生的天赋，
却并非不会变老，他可以永远活着，但会慢慢老去。

[43] 荷马《伊利亚特》16.9。

[44] 普鲁塔克在德尔斐的皮提亚阿波罗神庙担任祭司。皮提亚运动会是德尔斐每隔四年一次的节日，正如奥林匹亚运动会是四年一次一样。

[45] 希腊人会在竖琴的伴奏下唱歌，这里意指，如果某个长者再也唱不出高音了，他就会把高音的竖琴放到一边。

[46] 欧里庇得斯《赫拉克勒斯》268—269。

[47] 荷马《伊利亚特》22.71。

[48] 欧里庇得斯《酒神的伴侣》66。

[49] 普鲁塔克在第10节中再次提到了geras（"荣誉的馈赠"），他声称这个词在词源上与gerontes（"老人"）有关。

[50] 荷马《伊利亚特》9.55—57。在故事的这一部分，特洛伊对希腊军队步步紧逼，于是，希腊领导者阿伽门农提议撤退。狄俄墨得斯振奋人心地号召大家继续战斗。在这段引文中，涅斯托尔称赞了狄俄墨得斯，但也委婉地提出批评，虽然他很勇敢，很热情，但问题并没有得到解决。读过普鲁塔克这段文字的读者可能会记得，涅斯托尔接着说道："但是，来吧，我，一个比你年长的人，会替你声明并解释这一切。"

[51] 这里的提摩西乌斯是一名竖琴手和诗人，而上面提到的提摩西乌斯是一名雅典将军。

[52] 荷马《伊利亚特》9.443。

[53] 立法者，如斯巴达的来库古或雅典的梭伦，都声望卓著。他们所制定的法律和习俗有时被视为宪法在现代国家中

的权威。

[54] 从字面上看，"逍遥"的意思是"散步"（walking around），引申为"一边行走一边讲学"（walk and conduct discourse）。希腊语中的动词是"peripatein"，形容词是"peripatetic"，这是亚里士多德哲学学派的一个常见称谓。

[55] 公民大会有时会在城市的剧院里举行。

[56] 在伯罗奔尼撒战争期间，斯巴达人批评他们的国王亚基斯没有征服阿尔戈斯，并威胁说，除非他取得一些重大成就来弥补损失，否则会把他的房子夷为平地，并处以罚款。亚基斯试图逃避惩罚，故而鲁莽地推进了在阿卡迪亚的军事行动。

重要的人物和术语

名字旁边的星号表示普鲁塔克在《名人传》中收录了该人的完整传记。

市政官（aedile） 罗马民选官员，负责维护城市、稳定粮食供应以及运动会和节日的赞助。与罗马其他民选职位相比，这个职位的声望较低，通常是一个人在政治生涯早期担任的。

*阿戈西劳（Agesilaus） 斯巴达国王（约前445—前359年）。他在来山得的支持下即位，并领导了对波斯人和希腊人的军事行动。他在任期间，斯巴达在希腊的军事统治地位逐渐衰落。

*亚西比德（Alcibiades） 雅典政治家（前451—前404年）。作为普鲁塔克文章中的一个案例，他因政治天赋卓绝而为人鲁莽闻名。在他的职业生涯中，他曾两次被迫离开雅典，投靠波斯人或斯巴达人，后两者都是他的城市的敌人。

*亚历山大大帝（Alexander the Great） 马其顿国王（前356—前323年）。他在父王腓力二世去世后即位，随后率领马其顿和希腊联军进入亚洲，进攻波斯帝国。他征服了波斯，引起了希腊及其他地区根本性的权力重组。

邻邦同盟议事会（Amphictyonic Council） 一个管理宗教圣地的委员会。最著名的邻邦同盟议事会管理着德尔斐的阿波罗神谕，它的成员来自希腊各大城市。

安提柯（Antigonus） 腓力二世和亚历山大执政时期的马其顿贵族、将军（约前382—前301年）。他为亚历山大统治小亚细亚的弗里吉亚，亚历山大死后，为争夺更多领土控制权，他与也曾效命于亚历山大的其他将军都打过仗。他年老时战死沙场。

战神山议事会（Areopagus） 一个声名远扬的雅典议事会，由当选过执政官的政治家组成，起初是类似于国王的顾问机构，后变成民选领导者的顾问机构，类似于罗马元老院。它存在的大部分时间里都负责审判，尤其是谋杀案。

***阿里斯提德斯（Aristides）** 雅典政治家（前5世纪）。他以公正著称，常被看作地米斯托克利的主要政治对手。由于政治斗争而被放逐，但很快又被召回。他领导了第二次波斯战争（前480—前479年）。

阿里达乌斯（Arrhidaeus） 腓力二世之子，亚历山大大帝同父异母的兄弟（约前357—前317年）。亚历山大死后，他被宣布为国王，但不过是更有权势的领导者的傀儡。他为亚历山大的母亲奥林匹亚丝所杀。

奥古斯都（Augustus） 盖乌斯·尤利乌斯·恺撒·屋大维（Gaius Julius Caesar Octavianus，前63—14年）。他是尤利乌斯·恺撒的养子，普鲁塔克在文章中简称他为"恺撒"。为了区别于尤利乌斯，历史学家称他为"屋大维"或"奥古斯都"。公元前27年，他成为罗马首位皇帝，采用的就是这两个头衔。

彼奥提亚（Boeotia） 希腊中部地区，底比斯是其主要城市。

恺撒（Caesar） 最初是尤利乌斯·恺撒（Julius Caesar）的姓氏，后来成了罗马皇帝的通称。

*老加图（Cato the Elder） 马尔库斯·波尔基乌斯·加图（Marcus Porcius Cato），罗马政治家（前234—前149年）。因对传统罗马价值观的极力推崇和对自己的严苛自律而闻名，他反对采用希腊的习俗，因为他认为那是软弱和道德败坏的。人们称他为"监察官"（the Censor）和老加图，一方面因他在任职期间积极奉行自己的信仰，另一方面以区别于他同名的曾孙。

*小加图（Cato the Younger） 马尔库斯·波尔基乌斯·加图（Marcus Porcius Cato），罗马政治家（前95—前46年）。作为老加图的曾孙，他同样以自律和高尚的道德标准而闻名。在公元前1世纪40年代的罗马内战期间，加图反对尤利乌斯·恺撒，支持元老院。他在担任北非乌提卡总督期间自杀身亡。

监察官（censor） 罗马民选官员，负责与同事合作进行官方人口普查。监察官还负责审查公民行为，可以道德为由将某一公民排除于政治生活之外。

卡布里亚斯（Chabrias） 雅典士兵和将军（约前420—前357年）。他以发明军事战术而闻名，曾效力于外国领导者。在一场埃及战役期间，他还服务过斯巴达国王阿戈西劳。

*西蒙（Cimon） 雅典政治家（前5世纪）。在某个派系斗争激烈的时期，经常被看作伯里克利的主要对手，在此期间曾被驱逐出境。他的政敌指责他同情斯巴达、与妹妹有乱伦关系、酗酒和嗜睡。

克里斯提尼（Cleisthenes） 雅典政治家（前6世纪末前5世纪初）。他驱逐了数位前6世纪长期统治雅典的僭主。许多雅典人把他的政治改革等同于雅典民主的奠基。

克里昂（Cleon） 雅典政治家（前5世纪）。他是一个煽动者，因推行受欢迎的激进政策而非稳定的政治或军事领导获得政治权力，是这一路线的典型案例。

执政官（consul） 罗马共和国选举产生的最高职位。执政官是成对当选的，任期为一年。

*德摩斯梯尼（Demosthenes） 雅典演说家和政治家（前384—前322年）。他是一位颇有天赋的演说家，主导雅典政府的各项决策，尤其是外交政策。他最著名的演讲集《斥腓力》（*Philippics*），是为了反对马其顿王国的腓力二世在希腊事务中日益见长的影响力而写的。

独裁官（dictator） 罗马共和国时期的一个正式而不定期填补的临时职位。危机时期会选举或任命一名独裁官，由他负责完成一项具体任务。

第欧根尼（Diogenes） 犬儒派哲学家（约前412—约前321年）。原籍属小亚细亚的锡诺帕（Sinope），成年后大部分时间都在雅典和科林斯度过。他是藐视社会习俗，以最少物质财富生活的典型代表。

狄奥尼修斯（Dionysius） 叙拉古一对父子僭主的名字。狄奥尼修斯一世统治时间为前405—前367年，随后传位给狄奥尼修斯二世。但狄奥尼修斯二世于前344年被迫离开这座城市，在科林斯度过余生。

伊巴密浓达（Epaminondas） 底比斯将军（卒于前362年）。在他的领导下，底比斯人取得了他们最大的军事胜利，在留克特拉战役（前371年）中打败了斯巴达，并在随后几年里入侵了斯巴达领土。虽然他在曼提尼亚战役中带领底比斯取得了胜利，但却在战斗中阵亡了。

监察官（ephors） 这些斯巴达的最高官职一共五人，每一名都是从公民中选出的，任期一年。他们与国王一起组成了斯巴达政府的行政部门，其他部门还有长老会议（gerousia）和公民大会。

埃庇米尼得斯（Epimenides） 传说中克里特岛上的圣人。有人说，他小时候在山洞里睡着了，过了57年才醒来。还有人说他曾被召唤到雅典来净化瘟疫。

欧里庇得斯（Euripides） 雅典悲剧作家（约前480—约前406年）。他创作了将近90部戏剧，其中幸存下来的有18部。普鲁塔克既引用了他存世的，也引用了他现已失传的作品。

*法比尤斯·马克西姆（Fabius Maximus） 昆塔斯·法比尤斯·马克西姆·威鲁科苏（Quintus Fabius Maximus Verrucosus），罗马政治家（前3世纪）。他担任了五次执政官，两次独裁官。在第二次迦太基战争（前218—前201年）期间，迦太基人在意大利发动战争，他采取了不交战策略，这为他赢得了"拖延者"的绰号。

汉尼拔（Hannibal） 迦太基将军（前247—前182年）。在古代，他是一名公认的杰出军事领导者，在第二次迦太基战争中领导迦太基人入侵意大利，但最终在非洲的扎马（Zama）被罗马人击败。

赫西俄德（Hesiod） 希腊史诗诗人（约前700年）。他的两部主要作品分别是《神谱》和《工作与时日》，前者讲述历代诸神的故事，后者是提倡道德行为和尊重诸神的教学诗。

荷马（Homer） 希腊史诗诗人（前8世纪）。荷马的两部长诗《伊利亚特》和《奥德赛》是古代欧洲阅读最广、评价最高的文学作品。

拉栖第梦（Lacedaemon） 希腊城市斯巴达（Sparta）的别名。

莱利乌斯（Laelius） 盖尤斯·莱利乌斯（Gaius Laelius），罗马政治家和知识分子（约前190—约前129年）。他是西庇阿·埃米利安努斯的亲密伙伴，曾担任执政官等职务，并在非洲的行动中与西庇阿一起效力。他促进了希腊哲学在罗马的传播。

*卢库卢斯（Lucullus） 卢西乌斯·李锡尼·卢库卢斯（Lucius Licinius Lucullus），罗马政治家（卒于前56年）。他在公元前74年担任执政官，领导了针对本都国王米特拉达悌的战役。在被"伟大的"庞培取代后，他回到罗马，过着宁静的生活，为此他被指控玩忽职守，奢侈无度。

*来库古（Lycurgus） 斯巴达立法者。这是一个传奇的人物，人们认为他在古时建立了斯巴达的法律体系和严格的教育制度。

*来山得（Lysander） 斯巴达将军（卒于前395年）。他助推了斯巴达人在伯罗奔尼撒战争中的最终胜利。阿戈西劳争夺斯巴达王位时，来山得支持他，并确保他成功登基，但后来，阿戈西劳发现他在控制自己，于是设法削弱他的影响力。

*马略（Marius） 盖乌斯·马略（Gaius Marius），罗马政治家（约前157—前86年）。马略一步步争取共和国内的官职晋升，最终七次成功当选执政官。在努米底亚和高卢取得巨大军事成功后，他与苏拉的支持者打起了内战。

马西尼萨（Masinissa） 努米底亚国王（前238—前148年）。他有时与罗马结盟，有时与罗马为敌。众人皆知他是一个技艺高超的战士，直到老了也依旧龙精虎猛。普鲁塔克称他为利比亚人，并将凡是北非的人都通称为利比亚人。

米南德（Menander） 雅典戏剧作家（约前344—前292年）。他的写作风格叫作"新喜剧"，相当于现代的情景喜剧。他的戏剧影响了罗马喜剧作家普劳图斯（Plautus）和特伦斯（Terence）。

军事保民官（military tribune） 隶属于罗马军队的下级军官。

涅斯托尔（Nestor） 《伊利亚特》和《奥德赛》中的一个人物。他是皮洛斯的国王，以比参加特洛伊战争的其他领导者年长和贤明而闻名。

*尼西亚斯（Nicias） 雅典政治家（约前470—前413年）。他观点温和，经常与其他领导者意见相左，并违背自己的意愿率军远征西西里。雅典人战败后，他被抓获，后被处死。

庞米尼斯（Pammenes） 底比斯将军（前4世纪）。当马其顿的未来国王腓力二世作为质子留守底比斯时，他坚定地成为腓力的守护者。他是一个成功的军事领导者，一开始效力于伊巴密浓达的麾下，后出来单打独斗。

巴内修斯（Panaetius） 斯多葛学派的哲学家（约前185—前109年）。他是罗得岛人，在罗马加入了西庇阿·埃米利安努斯的随从行列。

伯罗奔尼撒（Peloponnese） 希腊南部地区，在罗马帝国崛起前由斯巴达人主导。

伯罗奔尼撒战争（Peloponnesian War） 希腊古典时期由雅典和斯巴达各自领导的联盟之间的大战。在前431年到前404年之间发生过多次激烈程度不同的战役，最终以雅典投降而告结束。

*伯里克利（Pericles） 雅典政治家（约前495—前429年）。普鲁塔克把他描述成一个深具说服力的演说家和强大的政治家。他一手建造了雅典大部分数得上名号的纪念性建筑，如帕特农神庙。伯罗奔尼撒战争爆发次年，他死于瘟疫。

腓力二世（Philip） 马其顿国王（前382—前336年）。为了奠定马其顿王国在希腊事务上的主导地位，他在喀罗尼亚击败了希腊诸城邦（前338年），并建立了一个同盟，打算发起一场针对波斯帝国的战争。在死于暗杀后，他的儿子亚历山大继任。

*菲洛皮门（Philopoemen） 希腊将军（约前253—前182年）。从希腊城邦麦加罗波里斯（Megalopolis）起，他一直效力于打破斯巴达在伯罗奔尼撒主导的反对罗马控制的希腊城邦联盟。

*福基翁（Phocion） 雅典政治家（前402—前318年）。在漫长的职业生涯中，他曾45次当选将军，是一名备受尊敬的政治和军事领导者，公认的"好人"。然而，他支持马其顿控制雅典，由此陷入了与民主支持者的冲突之中。后被判服毒而殒身。

品达（Pindar） 希腊抒情诗人（约前518—约前446年）。他最著名的作品是泛希腊运动会的胜者委托他创作的颂歌，即奥林匹亚运动会、德尔斐运动会（亦作皮提亚运动会）、尼米亚运动会和伊斯米亚（位于科林斯地峡）运动会的颂歌。

柏拉图（Plato） 雅典哲学家（约前429—前347年）。柏拉图哲学的所谓"中期形态"（middle form），是普鲁塔克哲学思想的基础。在政治文章中，普鲁塔克特别借鉴了柏拉图"善"的概念，即美或善的真正本质，这对政治家来说代表着美德的最高标准。

波利比乌斯（Polybius） 希腊历史学家（约前200—约前118年）。他的父亲是菲洛皮门的助手，同样反对罗马对希腊南部的控制。波利比乌斯最终作为政治人质被带到罗马，并在那里结交了西庇阿·埃米利安努斯。他写了一部菲洛皮门的传记，现已失传，还写了一部罗马扩张史，其中大部分都还幸存。

* "伟大的"庞培（Pompey the Great） 格涅乌斯·庞培·马格努斯（Gnaeus Pompeius Magnus），罗马将军和政治家（前106—前48年）。由于支持苏拉而声名显赫，他先后三次担任执政官，并在欧洲、非洲和亚洲都取得了非凡的军事成就。在公元前1世纪40年代的内战中，他成为元老院的领导者，反抗尤利乌斯·恺撒的领导，但在法萨卢斯战役中失败后，他在埃及死于暗杀。

代执政官（proconsul） 被授予特定地理区域的执政官权力的罗马官员，通常以总督的身份行事。

皮提亚（pythia） 德尔斐阿波罗神庙的女祭司，她认为神谕来自神祇。阿波罗本人即皮提亚的神，在德尔斐举行的体育比赛即皮提亚运动会。

财务官（quaestor） 罗马共和国中地位最低的民选职位。每年都会选出几名财务官（人数在共和国不同时期有所不同），专门负责国库的会计工作和其他行政职责。

西庇阿·埃米利安努斯（Scipio Aemilianus） 普布利乌斯·科尔内利乌斯·西庇阿·埃米利安努斯·阿非利加努斯（Publius Cornelius Scipio Aemilianus Africanus），罗马政治家（前185—前129年）。他是卢修斯·埃米利乌斯·保卢斯（Lucius Aemilius Paullus）的亲生儿子，西庇阿·阿非利加努斯（Scipio Africanus）收养的孙子。西庇阿·阿非利加努斯击败了汉尼拔，结束了第二次迦太基战争。其军事生涯漫长而卓绝，实现了包括在第三次迦太基战争（前146年）中击败迦太基这一壮举。他对知识的追求让他既接触到了罗马人，如盖尤斯·莱利乌斯，也接触到了希腊人，如波利比乌斯。

西摩尼得斯（Simonides） 希腊抒情诗人（约前556—约前466年）。西摩尼得斯的诗歌体裁繁多。他最著名的作品是关于历史事件的短篇挽歌和警句。

*梭伦（Solon） 雅典政治家（前7世纪末至前6世纪初）。作为一个著名的立法者，在小土地所有者肩负沉重债务而引发危机后，梭伦改革了雅典的政治体制。他也是一位诗人，写了许多关于他的改革和其他话题的文章。他的许多诗句流传至今。

诡辩家（sophist） 修辞学、语法和其他学科的教师。

索福克勒斯（Sophocles） 雅典悲剧作家（卒于前406年）。众所周知，他非常长寿，写了120多部戏剧，其中7部幸存了下来。普鲁塔克既引用他存世的作品，也引用他现已失传的作品。

*苏拉（Sulla） 卢奇乌斯·科涅利乌·苏拉（Lucius Cornelius Sulla，约前138—前78年）。在非洲时，苏拉效力于马略，由此崭露头角。后来马略和他的支持者拒绝给予苏拉一项颇有威望的军事指挥权，于是苏拉发动军队对抗罗马，以维护自己的权利。后来，他凭借自己的军队打败了政治对手。作为独裁官，他还改革了共和国的许多机构。

*地米斯托克利（Themistocles） 雅典政治家（约前524—前459年）。在第二次波斯战争（前480—前479年）中，尤其是萨拉米海战中，他身为领导者为希腊的胜利做出了巨大贡献。后来，他通过重建城垣等其他政策，重新确立了雅典的权力。传统上，他被认为是阿里斯提德斯的政治对手。

泰奥彭波斯（Theopompus） 斯巴达国王（约前720—前675年）。他有时被看作包括建立监察制度在内的法制改革的功臣。

修昔底德（Thucydides） 雅典政治家和历史学家（约前460—约前400年）。作为伯罗奔尼撒战争期间的一名将军，他在前424年一场重要战斗中输给了斯巴达，之后被逐出雅典。他撰写了关于这次战争的历史，时间跨度为从战争开始（包括战争前夕）到前411年。

平民保民官（tribune of the plebs） 罗马共和国的民选职位，负责代表人民的利益。每年选出一个十人委员会。

色诺芬（Xenophon） 雅典士兵和作家（生于约前430年）。虽然在雅典长大，但他最著名的军事冒险却是在波斯当雇佣军。这段经历也是他的传记《长征记》的主题。在喀罗尼亚战役（前394年）中，他与斯巴达作战，后定居于斯巴达，便失去了雅典人的青睐。他写的书种类繁多，包括历史、哲学和小说。